——新课程背景下教师必备基本

听课、观课、评课

的艺术

TINGKEGUANKE
PINGKE
DEYISHU

母远珍 乔勇亮◎主编

吉林文史出版社

图书在版编目(CIP)数据

听课、观课、评课的艺术 / 母远珍,乔勇亮主编. ——长春:
吉林文史出版社,2012. 11(2021.6重印)
(新课程背景下教师必备基本功系列)
ISBN 978 - 7 - 5472 - 1290 - 5

Ⅰ. ①听… Ⅱ. ①母… ②乔… Ⅲ. ①课程教学 - 教
学法 - 中小学 Ⅳ. ①G632. 421

中国版本图书馆 CIP 数据核字(2012)第 263578 号

新课程背景下教师必备基本功系列

听课、观课、评课的艺术

TINGKE GUANKE PINGKE DE YISHU

编著/母远珍　乔勇亮

责任编辑/高冰若

封面设计/小徐书装

出版发行/吉林文史出版社

地址/长春市福祉大路5788号

邮编/130118

网址/www.jlws.com.cn

印刷/三河市燕春印务有限公司

开本/710mm×1000mm　1/16

印张/14　字数/150千字

版次/2013 年 1 月第 1 版　2021年 6 月第 3 次印刷

书号/ISBN 978 - 7 - 5472 - 1290 - 5

定价/39. 80 元

前　言

教学是一门技术，更是一门艺术。

教学水平的提高不仅依赖于教师的不断钻研，借以加深对教学内容的认识，更需要在与专家、同行交流过程中，认真听取别人的意见和建议，学习别人的优点，弥补自己的不足。有些教师时常会陷入一种虚无，产生在备课的过程中，也产生在听课、观课、议课、评课的过程中。在不同的理论与教学模式之中，找不到一个准确的自我。每当这种虚无降临，总会产生置身荒野的恐惧与无力感。教学的路在哪里？教学艺术的方向是什么？如何根据自身的特点形成自己的教学风格？

这些困惑的解决需要对教育有高屋建瓴的整体把握。真正的教育应该是教师与学生共同成长，在完成教学任务的同时，自己也通过学习，实现自身的生命飞跃。真正的课堂应该是充满快乐的课堂，首先让自己快乐，享受课本、教学和学生带来的欢愉。其次是学生的快乐，从教师处获取点亮心灵的火种。真正的教研应该充满着学习的气氛，经验型教师要耐心指导，青年教师要虚心学习。有时还要相反，各自发现自身的不足和长处。

人们常把自己不能取得成功的原因归结于外部因素，工作的简单乏味，生存环境的狭隘功利，却忽视那些在相同情境下默默耕耘、孜孜不倦而取得成功的人。在教学中产生困惑几乎是必然的，面对困惑如果能将其转化为进步的动力，将会极大地促进教学水平的提升。原先是头脑中一团乱麻，过后是豁然开朗。

而这些都要在有效的听课、观课、评课中实现。在听课、观课、评课的过程中由实践的观察与体会，进而上升到理论的高度，最终再返回到实践中去，这是听课、观课、评课的重要意义。

　　然而在听课、观课、评课的过程中，有哪些需要注意的地方，却是很多教师的困惑。这就需要对听课、观课、评课有细致入微的理解。

　　本书就是为了解决教师在听课、观课、评课过程中的困惑而做出的尝试。我们试图总结多年的授课以及听课、观课、评课的经验，结合新课程改革的最新理念，将听课、观课、评课的重要意义、基本原则和详细方法呈现给大家。因此本书力求做到以下几点：

　　科学性：以当前最新的新课程改革教育理论和全国各知名中小学教学实践为根基，剔除错误的思想迷惑，构建听课、观课、评课的基本框架，形成严谨而科学的体系。

　　系统性：从听课、观课、评课各不同环节入手，合理组织书序，逻辑结构力求清楚完整，从意义到原则到方法，形成全面而系统的理论基础。

　　针对性：根据相关教师的实际问题，寻找切实可行的解决办法，对于解决教师困惑，在实际工作过程中发挥作用实现有针对性的指导。

　　实践性：本书的相关案例来源于教学一线，所解决的问题也面向教学一线，从实践中来到实践中去是本书的不懈追求。

　　本书的不同章节均包含了不同年级不同学科的真实案例，涵盖范围广泛，具有代表性，同时在理论上分析，在方法上进行详细指导。教学是实践性很强的活动，随着实践的发展，一些经验也会成为明日黄花，因此在使用本书的过程中，要思考与自己的教学实践相结合，这样一定会事半功倍。

编　者

2012 年 10 月

目 录
contents

第一章 听课、观课、评课的意义和价值

第一节 一名新教师的专业成长困境引发的思考

案例1-1 一名青年语文教师的困惑

我越来越不知道如何才算是一个好老师。八年前第一次站到讲台上，那时候，我对自己的定位很高：满腔热情地对待教育事业，做一名优秀的人民教师。可是八年过去了，我青春的热情正被消耗殆尽，那份对教育事业的神圣感已越来越模糊，我感到困惑了。

困惑之一：一节表演课够吗？我曾请教过一位小有名气的老师，当时我正听了他的一节示范课，心里很激动。虽然相比之下不免为自己的教学水平感到惭愧，可心里也有疑问。后来在一起吃饭时我以晚辈的身份问："您平常上课也这样吗？"前辈倒也实在："一家人不说两家话，你也清楚，每天像这样上课就是有十个我也早累倒了。"他告诉我这一节课光备课就用了半年多时间，讲好一节课不容易啊，前辈说一个老师有一节成功的表演课就够用了。我感谢前辈的推心置腹，可我却始终没有练出来一节成功的表演课。我哪里有那么多时间去练啊？现在多数的公开课都是表演课，尤其是赛讲时表演更甚，这些经过彩排了的课就像吸了水的海绵一样，能反映一个教师的真实水平吗？

困惑之二：把课堂还给学生就是素质教育吗？时下里有种说法，让学生做学习的主人。这种提法本没有错，可把课堂还给学生这种做法却值得思考。把课堂还给学生这种提法是针对过去应试教育下的满堂灌而言的，可也不能从一个极端走向另一个极端。现在有的学校甚至规定教师每节课讲授不得超过15分钟，并把此作为一项考核项目。我想把课堂还给学生主要是指一种教学思想、教学观念，而从时间

上机械限制只能是一种可笑的做法，可又有多少人愿意坚持自己的主张呢？

困惑之三：不当教书匠现实吗？每一名教师最初谁都不愿当教书匠，可是到后来却多数都沦落为了教书匠。这不是哪个教师主观愿意的，实在是现实所迫。初涉教坛谁都有一股子牛气，为了把课备好，可以不吃饭不睡觉，甚至通宵达旦。为了尝试教学改革，可以置个人考核于不顾，甘冒被人讥为另类之蜚语。为了教化学生，可以在讲台上忍不住热泪长流。然而你能坚持多久？一个人的精力有限，哪有那么多的时间去创新。所为"匠"，在我看来就是指侧重于机械劳动的人，教师的工作又何尝不是这样呢？要完成各项教学任务，要应付学校的各项考核。当个称职的教书匠都不容易，哪里还敢异想天开做什么教育艺术家呢？

困惑之四：因材施教现实吗？谁都知道因材施教是最好的教学方法，因为人与人之间的差异性是普遍的、绝对的，所以要面向全体学生，唯一的办法就是因材施教。只有这样才能真正面向全体学生，才能调动每一个学生的学习积极性、主动性，让每一个学生主动地、生动活泼地发展。可事实上有多少老师在教学中因材施教呢？不是教师不愿意，而是不现实。因为要做到"因材"这一点几乎是不可能的。试想，一个普通的教学班，哪个没有五六十人呢，除了班主任老师之外，其他的任课教师几乎没有机会去接触学生，对学生又能有多少了解呢？就是班主任也不可能真正了解每一个学生。因为你没有时间，更没有精力去做。这一点只有在教学第一线的老师才能真正理解。

困惑之五：怎样理解现在的师生关系？师生关系在我国这个礼仪之邦曾被相当重视，古人有"天地君亲师"的说法，可是现在的师生关系如何定位呢？我知道学生和老师人格上平等的道理，可在日常生活中这样实践的老师真是太少了。因为这样做需要勇气，需要打破常规并敢于承担失败的结局和别人的讥讽。

困惑之六：师道尊严等于高高在上吗？我国自古就有尊师重教的传统，师道尊严也就深入人心，成为一道神圣不可侵犯的招牌。这张招牌像一道无形的墙把学生和老师分开，老师高高在上，学生只能唯唯诺诺仰面视之。在这种传统的熏陶下有些老师被培养得自我感觉特别良好。一句最常用的话是："老师就是老师，学生就是学生。"言下之意是老师能违犯的事学生永远也不能违犯。于是这些老师容不得学生在自己面前有半点含糊，那些规矩方圆把学生们弄得跟木偶似的，稍有出格，轻则被训斥，重则被殴打体罚。难道说师道尊严就等于高高在上吗？

困惑之七：量化考核是检验教师工作的最好办法吗？量化考核想来对每一位

教师都不陌生，因为要给教师打分排队，要评选模范，要实行尾数淘汰，于是量化考核成为教师日常生活的指南，像计件工人一样，每天要逐件检查，完成一件就计上几分。可是有的工作能计件量化，有的工作是不能量化的。同是批改作业，有的老师看也不看就写上批阅日期，有的老师却要花费大量的时间仔细修改，这又如何去量化呢？在我看来能量化的工作其实是一个教师最基本的工作，也是每个人都能做到的。而真正能体现一个教师特色和价值的那些工作是无法简单来量化的。我不知道还有没有比量化更好的方法来评价教师。

困惑之八：学生是我们的敌人吗？把学生当敌人对待，跟踪追击，严防死守，紧跟不放，不给学生以喘息之机。这些做法一次又一次成功地打击了学生的"嚣张气焰"，让一个又一个原本充满朝气的学生变成了少气无力、无精打采、蔫不拉唧的软茄子。把学生"管死"也许是最省事的管理体制，这也许就是为什么要把学生当敌人对待的主要原因吧。

困惑之九：一分耕耘，一分收获吗？当我还是诗人的时候，我追求的是"只求耕耘，不问收获"，当我成为教师的时候，我信奉的是"一分耕耘，一分收获"，可今天我有些怀疑了。我付出了那么多，但我收获了什么呢？教师的工作不同于别的工作，结果如何要从学生的身上体现，如果仅仅说分数那倒好办了，可有些东西是需要十年乃至更长的时间才能反馈结果的。有人说当教师得有好运气，碰上一班好学生你就会名利双收，否则只会倒霉。对于一个普通的教师也许渴望的仅仅是一句口头表扬而已，这样的要求高吗？

困惑之十：教师就该无私奉献吗？教师的社会角色太显眼，太神圣，你一提"私"字就会觉得对不起光荣的称号。可教师也是人，也有各种物质需求。有一次班会上学生讨论学雷锋的事，有个学生问我该不该去个体户商店那里学雷锋，我说该啊。可是学生马上反驳说个体户为了赚钱，坑蒙拐骗，偷税漏税，我们去帮助他们那不是帮助坏人吗？还有的学生说我们去学雷锋还没走，就有人说这不是有病吧，学什么雷锋。说实在的，面对学生的发问有时候我感到自己很苍白，不知道该怎样去面对他们。从教八年，困惑何止十条，以上所列仅供同行指正。

在这个案例中，这位青年教师的话可谓椎心泣血，字字击打在人的心上。他在教育教学中面临的问题或许还有很多，但是，仅这十条就已经极具代表性。暂时不去思考他的困惑的解决办法，对这十条困惑进行分类，可以看出，他的困惑集中在以下几个方面，如表格。

序号	困惑	类型
1	困惑之一：一节表演课够吗？	教学方式
2	困惑之二：把课堂还给学生就是素质教育吗？	教育理念
3	困惑之三：不当教书匠现实吗？	职业理想
4	困惑之四：因材施教现实吗？	教学方式
5	困惑之五：怎样理解现在的师生关系？	人际关系
6	困惑之六：师道尊严等于高高在上吗？	教育理念
7	困惑之七：量化考核是检验教师工作的最好办法吗？	管理理念
8	困惑之八：学生是我们的敌人吗？	教育理念
9	困惑之九：一分耕耘，一分收获吗？	职业理想
10	困惑之十：教师就该无私奉献吗？	职业精神

这位教师的困惑，多集中在职业认同、角色定位和教育教学三个方面。而这三大方面的困惑，也正是拦在青年教师专业发展道路上的三座大山。

一、职业认同的困惑

理想期的消逝，使刚刚步入困惑期的教师对自己的职业选择产生了困惑，"我真的适合做这一行吗？""为什么我的付出总是比别人多，而收获却总比别人少？""难道我就应该一直奉献吗？""我将来应该向什么方向发展？"如此等等具体问题极大地冲击着困惑期的青年教师的职业认同感。这些困惑具体说来，有如下几个方面：

(一) 无私奉献与微薄收入的矛盾

时常听到一种说法，选择了做教师就是选择了奉献。教师特殊的职业性，对教师职业精神中无私奉献的要求比较高。可是，面对现实生活，作为社会和家庭基本组成部分的活生生的人，教师也与常人一样，对物质有着最基本的需求。当这种需求得不到满足和保障时，仅靠职业道德维系的无私奉献就显得脆弱和可怜。因此，一些教师开始迷茫，为什么选择了教育行业就要甘受清贫呢？

(二) 自我生活与工作的矛盾

青年教师一心扑在工作上，想要在专业发展的道路上发展，就要牺牲很多的自我生活。缺乏休息时间，连节假日都要扑在学校，体会"以校为家"；压力大，没有办法放松，紧张情绪无法缓解；生活盲目，缺少情趣，感情生活枯燥乏味；回到家里要么累得不愿说话，要么乱发脾气。有工作，没生活，这种现象在教育行业中绝不是个例。如何协调好自我生活与工作的矛盾，是每一个青年教师都面临的问题。

（三）评比考核与职称评比的困扰

教师作为专业化的人才队伍，在学校的人才选拔聘任工作中，业务素质占据着极重要的位置。分分分，学生的命根，从某种角度上说不如说是教师的命根。各项评比考核面前，青年教师唯有小心翼翼，才能在量化的考核中取得好的成绩。职称评比更是困扰青年教师的一道障碍，有才华、有水平、有能力的教师辛勤工作却默默无闻，这不仅伤害的是教师的工作热情，更让一部分教师对整个教育行业与教育精神生成强烈的质疑。

（四）专业发展前景与发展方向

随着时间的推移，教师在教育周期中不断地循环，由原先的充满好奇到逐渐地感到乏味并失去兴趣，进而产生自我效能感的匮乏和职业倦怠，并最终认为自己所从事的行业没有发展前途，认为不适合自己而产生转行跳槽的想法。转不了行的教师整日怨天尤人，在自己的领域中找不到发展方向，教学、行政、管理，不知道哪一个是自己的长处和归宿。对专业发展前景的失望和发展方向的不明，阻碍着青年教师不断前进的步伐。

二、角色定位的困惑

现代社会对教师的要求越来越高，不但要求教师完成本职工作，还要求教师有着很多额外的任务。施教者、管理者、研究者、监护者等身份让教师在进行自我角色定位时感到迷茫，进而在人际关系的处理中可能产生障碍。角色转变与定位困扰着刚刚走出校门踏上工作岗位的青年教师。

（一）如何处理人际关系

教师走上工作岗位后，首先面临的工作对象就是学生，作为有生命的具体的个人，学生对教师的情感有独特的要求，不但要有爱心，还要处理好师生之间的关系，亲疏有度；面对学生家长，如何做到有效沟通，使家庭和学校互相理解并互相配合，在学生教育中形成合力；面对领导和同事，如何不卑不亢，谦虚有礼，给人留一个好印象。这些人际关系方面的琐事是摆在青年教师面前的难题。

（二）如何做一名合格的班主任

部分青年教师还担任了班主任工作，于是教育与教学的双重压力使得他们无所适从，感觉忙了这头就抓不住那头，很难找到平衡点。另一方面，无论学校还是社会对教师的要求和期望值愈来愈高，无形中增加了不少教师对"非教学任务"的关注，在某种程度上说也是增加了教师精神和时间上的压力。一个班级如何形成健康向上的良好风气，在学生面前如何树立自己的威信等困扰着青年班主任。

三、教育教学方面的困惑

教师的本职工作最基本的是教书育人，青年教师虽然在求学过程中已经掌握了深厚的理论知识，但是由于面临的教育对象是具体的活生生的人，因此有时难免会无从下手。教学经验的匮乏使青年教师在一些具体的教学问题面前一筹莫展。这些具体的教育教学问题，概括起来可以分为以下几个方面：

（一）各种教育教学理念带来的思想冲击

青年教师在具体的教育实践中，有自己的想法，也在接受着各种各样的教育观念的洗礼。最新的研究成果不断出现，进入青年教师的视野。但是这些研究成果往往停留在理论阶段，没有经过实践检验，因此在教育教学活动中往往与其所描述的理想化的场景不符。加之各种教学理论、教育观念不尽相同，甚至互相抵触，让青年教师在教育教学中无所适从。在各种理论面前，能够保持教育理智，不困惑不盲从，需要的不仅是一双慧眼，更是一种敢于质疑与否定权威的勇气和坚强的意志。

(二) 如何把握教材

青年教师走上工作岗位，对于教材的处理可能会经验不足。教学重点内容不重点讲授，教材精华部分捕捉不到。授课时想用幽默的风格进行教学，以引起学生的兴趣，可是却发现结果是很难控制课堂纪律。学生似乎是积极参与，但是并没有抓住要害。经验丰富的教师可能一节课都很严肃，但是学生认真听讲，思维处于思考状态，张弛有度，能够把握住重点和难点。学生的学情与所制定的教学目标吻合。让课堂变得既有趣味，又能够重难点突出，是青年教师在教学中经常思考的问题。

(三) 如何上一堂好课

一堂好课的标准似乎很明确，又似乎很模糊。青年教师在授课过程中总是力求完美，可总是留有遗憾。要么课堂的控制有问题，要么教学设计、教学构思在执行过程中很不流畅。教学语言啰唆重复，总是说不到点子上，学生听课如坠雾中，茫然不知所以。教学效果与自己的期望落差较大，总是感觉有的地方没有讲清讲透，恨不得回去再讲一遍。如何高效率完成教学任务，让学生在轻松愉快的教学氛围中学会知识、提高能力，如何上一堂精彩的课，是教学中永恒的话题。

(四) 如何向老教师学习

青年教师常常在专业领域中显示出谦虚的一面，他们愿意向老教师学习宝贵的经验。但是在向老教师学习的过程中却经常有这样的疑惑：为什么他也那样授课，我也那样授课，而他的授课效果很好，我的授课效果不好？为什么我上了一节公开课，自己觉得很好，老教师却不以为然；自己觉得不好，而老教师却大加称赞？老教师的教育教学风格如何成为自己的教育风格？在听课的过程中如何把握住最精华的部分？

成长是个进行时，青年教师在专业发展的道路上所遇到的障碍可能比上面所提到的更多样，更艰辛。如何正确认识成长中的困惑，并最终解决，走上健康成长的道路，是摆在每一个青年教师面前的课题。

四、青年教师对待困惑应该具有的态度

青年教师在专业成长中产生困惑是必然现象，只是有的来得早些，有的来得晚些。产生困惑不但不是一件可怕的事情，而且是一件应该高兴的事情。困惑的产生就有与期望不符的因素，也有对教育问题思考的表现。只有关注教育教学中产生的现实问题并积极探索实践的人，才能产生困惑。从这个角度上说，青年教师职业发展中的困惑是值得肯定的事情。

对待这些困惑应该具备良好的心态，正确认识它带来的积极意义。在残酷的教育现实面前一个有坚定的教育理想的教师应该能立得住脚，不为现实所动，对自己所追求的教育价值坚定不移。"任他风吹浪打，我自岿然不动。"有这种勇气和意志的人才能在专业发展中取得成功。

对待这些困惑要学会将压力转化为动力，将教育问题转化为教育课题，并在自己的教育教学实践中探求解决办法，使之成为教师专业发展的契机，成为专业研究领域的不竭动力。在困惑中解决问题，获得职业的乐趣，找到教育的快感，完成教育生命的华丽蜕变。

第二节 对传统评课方式的反思——从评课到议课

一、传统的评课过程中存在不同程度的"四化"现象

(一) 评课过程形式化

我们经常看到或参与这样的评课活动，发言者少，旁观者多，由于发言面不广，且大多属于被动发言，因此评课场面冷冷清清，被动发言的教师更是不痛不痒地说几句敷衍了事。最后，主持人或权威人士做一下总结性的发言，大致的内容也无非

是先说几句好话，然后提一下希望。这种评课只是为了完成一个工作，留下一次活动记录，徒有过程和形式。[1]

（二）评课内容表面化

在评课交流活动中，我们经常能听到这样的话："这位老师板书工整，条理清楚"、"某某老师课堂语言清晰，教态自然"等。眼光依然死死地盯住教师在课堂上的行为表现，较少关注学生的学习态度、情感表现和师生、生生间的互动合作、交流活动。[2]还有一些教师虽提了不少意见，但只是对课堂上出现的一些现象就事论事，不能对这些课堂现象深入透视，不能触动现象背后的教育理念，当然，也欣赏不了课堂中真正的精彩。这种表面化的评课对上课及评课教师的触动不大，帮助也不多。

（三）评课结论两极化

一是虚假、讲好话的评课方式，大家说着一些"过年的话"（好话、祝愿的话），多讲优点，少讲问题，具体肯定，抽象否定，客客气气，皆大欢喜。参与者都抱着这样的心态："我不会对你的课说长道短，下一次你也不要对我的课说三道四。"

二是否定为主、伤害自尊的评课方式。一些教师在评课中不注意方式方法，毫无顾忌地指责，把别人的课批得体无完肤，甚至讽刺挖苦，缺乏诚意。这种否定多于肯定、主观多于客观、挑刺多于学习的评课方式又走到了另一个极端，它挫伤了教师的积极性，伤害了教师的自尊心。

（四）评课效果零散化

表面上看，评课从目标、内容、方法、技术手段、教师内在素质、外在表现，方方面面，全方位涉猎。实际上，由于缺乏明确而集中的关注焦点，你说东，我说西，

[1] 杨祖辉、何贤志，《评课的几个误区》，广西教育，1996 年第 4 期。

[2] 英飞、石荣利，《新课程实施后评课活动的几个误区及对策》，当代教育论坛（学科教育研究），2007 年第 4 期。

各扯一套，缺乏对问题的深入研究。由于缺乏集中的主题，缺乏预先的准备，所谓理论联系实际也就成了空话，只能就现象谈现象，就经验谈经验。

二、对传统评课方式的反思

为了适应基础教育课程改革的需要，适应教师专业发展的需要，传统的评课方式应该改进，目前许多学者提出，应从传统的评课变为共同参与的议课。

(一) 评课与议课的区别

"评"是对课的好坏下结论、做判断；"议"是围绕观课所收集的课堂信息提出问题、发表意见，"议"的过程是展开对话、促进反思的过程。

"评"有被评的对象，下结论的对象，有"主""客"之分；"议"是参与者围绕共同的话题平等交流，"议"要超越"谁说了算"的争论，改变教师在评课活动中的"被评"地位和失语现状。

评课活动主要将"表现、展示"作为上课取向，执教者重在展示教学长处；议课活动以"改进、发展"为主要上课取向，不但不怕出现问题，而且鼓励教师主动暴露问题以获得帮助，求得发展。

评课需要在综合、全面分析课堂信息的基础上，指出教学的主要优点和不足；议课强调集中话题，超越现象，深入对话，促进理解和教师自主选择。

如果说评课是把教师看成等待帮助的客体的话，议课则把教师培养成具有批判精神的思想者和行动者，帮助他们实现自身的解放。评课多用"句号"，议课多用"问号"。议课提问的过程是促进参与者思想的过程，是发现和认识教学活动诸环节、诸要素联系和关系的过程，是理解教学、理解他人、理解自我的过程。议课要实现从"他人提问"向"自我提问"转变，逐步形成"自我提问、自我回答"的习惯。如果是真正站在上课者的立场上，跳出讲课人的思维框框，找出被评者的最近发展区，在最大限度地维持原执教者意图的基础上进行修改，则是对被评者最大的帮助。我们的议课就要最大限度地保证这个，参加议课的老师，地位是平等的。上课老师不再当缺席的被告而被宣判，他有辩护权，而且首先解释说明自己的设计意图，哪些做得好，哪些做得不好。专家、同事们不再当作局外人去挑毛病，而是这点不好，你说说怎么不好，应该怎么改，为什么这么改。然后大家共同商议，决定哪点需要怎么改。下次遇到此类问题该怎么解决。甚至可以后续立马试验，验证改得是否恰当。

（二）从评到议，教学观念的变革

和传统的评课相比，议课更关注以下几个方面：

1. 尊重参与者相互平等的主体地位

这里的参与者包括所有进入教学现场的人员，不仅包括做课的教师、其他一线教师，也包括进行专业引领的教研员，而且包括直接参与教学活动的学生。议课的首要前提是，必须明确他们之间的关系不是进行评价的"评判者"和被动等待评判的"接受者"的关系，而是彼此平等、共同围绕课堂展开教学对话、商讨教学办法的伙伴关系。

强调防止和克服两种心态：一是把做课的老师看成表演的"戏子"，观课教师成了苛刻严厉的观众，于是，做课教师取悦观众，观众则吹毛求疵，献课老师失去了自我。另外一种倾向是献课教师成了台上做指示的领导，而听课教师成了台下接受训示的群众，唯唯诺诺，点头哈腰，观课老师失去了自我。将独立而平等的对话关系运用于议课，既要克服消极接受评判和批判的"小媳妇心态"，唯唯诺诺，不敢敞开自己的心扉。又要防止采取高傲的、拒人于千里之外的非合作态度，唯我独尊。

为什么需要平等对话？"教学有法，教无定法。"教学本身具有多种发展变化的可能性，"没有最好，只有更好"。教学是这样，对教学现象的认识和理解同样是这样。正因为教学发展的多种可能性和教学理解的丰富多样性，围绕课堂教学对话交流才有必要，也才有可能。

承认多样性，探讨多种可能性，这是平等对话的前提，也是展开课堂教学讨论的基础。不必否认，教研员（这里包括其他承担专业引领的人员）可能更加见多识广。但即便如此，教研员手里也没有掌握"真理"。一方面，一线教师应该以置疑的方式，而不是以迷信的方式看待教研员的意见和观点。另一方面，教研员在议课中对于构造平等的关系、对话的态度具有引导和决定作用。可以说，教研员的态度和作风决定了议课的整体氛围和取向。因此，教研员必须认识到自己的局限性，避免主观臆断，在发现意见时要充分尊重一线老师的上课处境、想法、思路，不断引起参与教师的深入思考和自我批判。我们认为，教研员的责任不在于拿出一个权威的意见，而是引导参与者发现和讨论更多的教学可能和实现条件。

2. 在对话中提升教师

对话的目的在于探讨和揭示。评课往往就教师教的行为进行评点，议课要围绕教的行为、学的行为，通过对话探究，一方面，揭示参与者背后的教育理想追求以及个人的教育动机，它不仅仅停留在"这样教好（或不好）"的结论，而是探讨"我们想听一听为什么这样设计，你是怎样想的？"在对话中更新彼此教育观念，获得对教育的重新认识。另一方面，议课主张以学论教，实施有效教学，所以，议课需要从学生学习的状况入手，"我们注意到学生……，不知道你怎么看？""我们注意到学生……对此，我们有这样的看法……"是常见的话语结构，"要达到这样的教学效果，我们该怎么办"是将对话引向深入的关键。

这样，议课就不再是就行为讨论行为，而是以外显的行为为抓手，讨论教育观念和教学效果。就像担担子，担着担子是行为，但两头挂着两个筐，它一头系着教师的教育理念，另一头系着学生的学习效果。观课议课的目的在于实现教育观念更新、教学行为改善和教学效益提高。

3. 集中议课的焦点

"课堂上学生活动太多，而学习中读的时间太少"，"语文强调以读代悟，以读代讲，但本课不见老师引导学生读"，"课文教学没有联系生活实际"，"教师板书太少，教师只写了12个字，而学生写了一大黑板"，"学生讨论时间太长了"，"课堂上阅读量太少"，"应该让学生在读中质疑，有问题时便要引导学生当即解决"，"教学重难点没有在课堂中突出出来"……这些是一次参与教师评课的教师的意见。

下面是评课过程中教研员的意见："这一节课学生自己分析课文的时间太长了，应该让学生充分地去读，在读中发现问题，然后共同思考和解决一个个问题"，"让学生把一个个知识点找出来，然后引导学生去体会知识点"，"对课文词语的理解一定要解决好"，"学生发现问题、讨论问题时该制止要制止，该引导要引导"，"让学生当老师，这不行，学生怎么能当老师？怎么能说把学生培养成老师呢？怎能让学生站在老师的角度去提问题呢？不能！"……

看了这么多问题和意见，我们首先要问，参与者听进了什么？同时要问：这次教研活动到底要解决什么问题？如此海阔天空、泛泛而谈，对教师到底有什么帮助？参与教师到底可以收获什么？

可以说主题不集中，讨论不深入，各自从自己的角度、以自己的视角去看待一节课是现有评课活动效益不高的另外一个原因。

议课与评课不同，它主张集中焦点。其实每一个做课的老师都有自己的设计和思考，都有想表达和展示的教育理想与追求。比如做课的老师期望展示自己是如何处理略读课文、如何理解和促进"学生自学"的。如果在课前就让做课教师说一说自己想让大家听什么，使听课老师有明确的注意指向和问题期待；上课结束以后，大家又能围绕相应的主题、结合课堂上的现象集中探讨，深入对话，相信参与者的印象会更深刻，收获将会更多。

4.以发展性目标做课

在日常的教研活动中，课是什么？它是研究教学、改进教学的载体，是献课者和观课者共同对话交流的平台。可以理解一线教师对公开课、教研课的重视和费心，但赋予一节教研课过多的东西容易使做课教师背上过重的包袱。

议课主张充分发挥其促进教师专业发展和教学改进的功能，以发展性的取向做课，而不是以展示性的取向献课，直面教学过程中的问题，不背议课中存有问题和不足的包袱。事实上，教师进步的动力在于始终对自己教学"不满意"并立志改进。

(三) 小结

提出议课，并不是要否定评课，评课是水平性的评价和选拔性的评价，而议课属于发展性评价，各有各的目标追求，各有各的实用场所和范围。

从"评课"到"议课"不只是换了一个词语，更多的是一种新文化的建构。如果把文化看成一个人群共同认可的价值观念和在这种价值观念影响下相对一致的行为方式，那么文化的产生过程就是形成、认可价值观念并外显为行为方式的过程。构建议课文化也就是探索和认同议课价值理念，形成相对一致的议课方式。"评"和"议"虽然只是一字之差，但这种改变却意味着教研文化的重建。课程改革的实质是教育文化的重建，而教育文化的重建是一项大的系统工程：变革教学的观念和方式，变革学习的观念和方式，变革管理的观念和方式，变革评价的观念和方式，变革教研的观念和方式……其中教研观念和方式或者说教研文化的重建是教育文化重建的重要组成部分，如果没有教研文化的重建，就没有真正意义上、完整意义上的教育文化重建。

第三节　新课程背景下寻求提高教师教学水平的有效途径

国家新一轮课程改革的深化与实施，标志着我国基础教育教学改革进入了一个全新的领域，为新一轮教学改革树立了新的教学理念，为教师的专业发展指明了方向。在为广大教师提供了广阔空间的同时，也对教师提出了新的更高的要求。作为新课程改革的践行者，如何更新自己已有的教学观念，学习研究新课程改革理论，抓住新课程改革的机遇，迎接新的更高的挑战，是值得我们教育工作者认真思考的问题。

在课程改革背景下的听课、观课、评课是教育教研活动的创新，也是提高教师教育素养、教学能力的重要举措。教师在认真学习新课程标准和现代教育教学理论的同时，不断地反思自己的教学实践。通过听课、观课、评课活动，全体教师共同探讨研究，使理论知识上升到理性思考，实现真正的新课标下的成功教学，从而不断提高教师的教学水平，增加教师专业素质，增强教师研究水平，提高学校整体的教育教学水平。

一、新课程听课、观课、评课的背景——课程改革

（一）新课程改革背景下的听课活动是促进新教师专业发展的有效途径

1. 多维度相互听课，积累听课笔记，促进本专业学科成长

信息时代追求的是资源共享和资源的合理、有效利用。相比较而言，资源的积累则成为重中之重。教育家波斯纳总结了教师成长的公式："经验＋反思＝成长。"面临基础教育课程改革，教师自身要寻求提高教学水平以及综合素质的有效途径，以此满足自身职业发展的需要，也是专业化发展的需要。"不积小流无以成江河，不积跬步无以至千里。"每个具有自己教学风格和特色的教师，都沉淀和积累了多年的经验。教师之间多开展互相听课、观课、评课等观摩活动，不但可以避免闭目塞听、孤芳自赏，还能够高瞻远瞩，少走弯路，永远站在巨人的肩膀上。抓住任何听课的机会，不仅局限于同年级同学科间的听课、评课、观课，还可以是不同年级同学科教师间的课，甚至是其他学科优秀教师的课，都是我们可以学习和利用的优秀资源。在活动开展的过程中要努力掌握细节，多听、多评、多观、多学习。通过听课、

评课、观课活动,有选择地扬弃、集优、储存,使自己不断走向创新,形成具有自己个性的教学特色和教学风格。

2. 主动学习听课笔记中的精华,激活教学思维

通过听课可以从课堂教学情境中获取相关的信息资料,是一种从感性到理性的学习、评价及研究的教育教学方法。它对于提高教师的课堂教学水平、促进其自身的专业发展有着极其重要的意义。资源要想有效地得以利用,首先要完成资料的原始积累。随着听课主动性的提高,听课笔记就会逐渐增多,经验也会越来越丰富。在教学中出现的一些问题,可以像查阅"字典""词典"一样,在听课笔记中找到针对性的解决方案。在积累听课笔记中较好内容的同时,可以按教学内容、教学方法及教学技能等内容进行分类记录,分条总结。

经验和积淀来源于平时的点滴积累。在积累教学笔记上做个有心人,把笔记中记录的课堂内容中的优劣进行分析,课堂中可圈点的"亮点"处进行探究,取我们所需,把握其中创新的内容。学习这些精华部分,可以感受到新课程理念下教学方式的变革、教学方法的改变、知识的生成传授过程,感受到情感的升华的同时也有效地激活了教学思维。因为从这些课堂中得到的教学方面的感悟以及教学中突发事件的应答处理等能够呈现实实在在的真情实感,比相关专业书籍中介绍的更具有实际的指导意义。

3. 主动反思听课笔记,提升教学质量

听课笔记是一种课堂实录,但不是课堂教学方方面面的典范。因为课堂有时候难以调控,教学活动的开展方式及三维目标的实现等,是与当时的教学实际相联系的。

笔记中的优点我们可以学习借鉴,不足之处应注意如何帮助改进。

听课笔记中的优点:教态好——可在短时间内与学生进行神态上的交流互动;

课堂调控掌握得好——提出问题,让学生思考,有互动环节;提出的问题贴切——学生能够想到、弄懂,能够解决。

听课笔记中的缺点:教学活动的开展方式不恰当,没有把握好时机;(反思总结:平时要注意多交流,避免为了活动而开展活动)教学自然,但是授课语速较快,一部分学生还没有反应过来这个环节就过去了;(反思总结:平时教学中可能就存在这个问题,自我授课语速控制方面做得不够到位)内容比较好,但是课堂授课容量较小,太多的时间都用到了课堂活动方面,对结果把握得不好。(反思总结:做课件的时候要充分考虑到这方面的改进,机动灵活地控制)

常常结合自身的教学实际,把问题结合起来,分析透彻,进行自我反思,寻找突破的同时,把好的地方发扬光大,不足之处多加分析,提出改进意见,尝试之后再总结。发现问题和不足固然重要,知道如何改变就更加重要了。

(二)新课程改革背景下的观课活动是促进新教师教学实践成长的催化剂

为快速适应新课程改革的发展,加快推进素质教育的进程,校内校外举办观摩课、示范课、活动研讨课、各学科的赛课等观课活动,关注课堂教学中学生的动态表现,对改善学生的课堂学习效果、促进教师的教学实践成长、促进教师专业快速发展都有着极其重要的意义。观课也是课堂教学研究中比较常见的、最为基本的一种途径与手段。观课教师的观摩学习和讨论交流,会使课堂教学的实施能力得以提升,教师教学水平得以快速提高。观课的侧重点和角度,会因学科及观课教师的不同的关注点而有所不同。

一节观摩课无论成功与否,都会使我们在一节课的时间内直接明了课堂的教学设计思路,教学重点难点的把握,知识的拓展与延伸,教师把握教材、控制授课进度的能力,课堂教学过程中师生互动、生生互动及学生学习效果的反馈等,都会提供给我们可以借鉴的宝贵资源。

教师应专注于高效课堂教学模式的建构探索与研究，以观课评课活动为载体，努力创设有效课堂教学，充分调动学生的学习积极性，发挥其自主学习的能力，构建学生愿学、乐学的有生命力的课堂。使新课程改革的理念真正落实到课堂实践活动中。

1. 观课前要熟悉教材，阅读教案，做好观课准备

"观"的主题可以预先研究和准备。观课前要先熟知所观课节的教学内容、教学目标、重点难点、教学内容在所授章节中的地位和作用；仔细阅读授课教师的教案，理解授课教师环节设计的意图，想要得到的教学效果，如果自己授课会如何处理。在头脑中有一个简单的教学思路，在观课时加以对比。熟悉教材、阅读教案后的观课活动会让观课教师有明确的目的性和可操作性。

只有在观课前做了充分的准备，确立了观课主题，观课时才会有所选择，带着"观"的侧重点，依据自己确定的主题重点进行仔细地观察与思考，不仅会从授课教师那学有所得、受益匪浅，更重要的是让自己在"观"的过程中，同步地进行思考、选择、摒弃、排除、确认、反思。在这个反复的链条中提高自己的研修能力。

2. 观课时要"观"得全面和具体

观课，是指在观摩课、示范课、公开课及各级各类赛课场合的教学现场进行观摩和研究。也包括同事间用以交流和切磋的课堂教学实录。观课就是去"观"授课者在一节课时间内呈现给你的全部。观课教师要眼睛、耳朵、大脑并用，注意力高度集中，全身心地投入，确保"观"得全面、具体。

"观"授课教师的教学实施。授课教师在教学过程中既要保持对生成性资源的敏感度，还要关注教学过程的灵活性。因为课堂教学的发展有不确定性，所以观课老师要用自己的眼、耳、脑仔细观察课堂，研究课堂，对授课教师作出适应性调整的行为进行深度开发和思考，并充分挖掘其中隐藏的教学价值。

"观"授课教师新旧知识的过渡技能。授课教师对教材知识点掌握的熟练程度，对教材理解的深刻程度，对教材资源的整合，对运用教材知识解决实际问题把握的准确程度，都可以通过过渡技能体现出来。

"观"授课教师怎样运用已有的知识导入新知、化难为易，引导学生突出重点、突破难点。这是授课教师多年教学经验的积累，也是这节观摩课成功与否的标志。

"观"授课教师媒体艺术的运用。知识经济化、教育信息化的今天，过去"一本书、一支笔、一张嘴"的教学模式已难以适应新世纪教学形式的发展。恰当地运用多媒体优化组合来辅助教学，变难为易，化抽象为具体，全方位、多元化地调动学生的多种感官，启发其发散性思维，使课堂教学氛围生动活泼、妙趣横生的同时，使师生互动、生生互动的主体精神和创造能力得到促进和发挥。

"观"授课教师的教态。教师的微笑表情、恰当的手势语、鼓励的眼神，这些体态语言在教学活动中的运用，都会让学生感受到爱的信息，感受到老师的支持和信任。融洽的课堂氛围增强了课堂教学效果。

"观"学生的学习状态和学习效果。实际有效的观课活动更加关注教学中学生的动态表现，关注学生在课堂上是否被调动起来，课堂教学是否保持有效的互动。关注学生的思维状态，怎样发现问题、发表自己的见解，怎样积极主动地探究问题。

3. 观课后要进行反思交流

优秀的教师大多都非常重视观课及课后反思，教育家魏书生也是非常重视观课评课的。实际有效的观课活动对自己的教学实践成长具有一定的助推作用，可以避免或减少相同问题上的教学漏洞。观课活动开展的初衷就是使我们可以在教学过程中研究和改进课堂教学，一是授课教师对自己的课进行实践反思，二是观课教师通过观摩和研究，进行认真的分析与评议，探讨教学效果，提高教学理念。就提升教师整体素质而言，观课活动更具有实效性和时代性。教师并非孤立地形成和改进教学的策略和风格,对于课堂教学,教师从同伴身上、从他人身上学到的更多。"他山之石,可以攻玉",观课后的借鉴是有效的学习方法之一。

下面是一堂课的课堂实录以及教师的课后反思。

案例1-2 《项脊轩志》课堂实录

执教教师:大庆实验中学 王彩凤

师:如果说这世界只有一种情亘古不变,那一定是亲情,如果说这人间只有一份爱不求回报,那一定是亲人的关爱。亲情是最无私的,也是最让人难以割舍的。今天我们就通过对归有光的《项脊轩志》的学习,来再次感受一下那份浓浓的亲情。

……

师:也许大家已经发现,归有光善于从生活中捕捉平淡的琐事,用典型的细节和场面,寥寥几笔,就给人以深刻的印象,使人在情感上容易与之共鸣。正如黄宗羲所言:"一往情深,每以一二细事见之,使人欲涕……"这种通过典型细节和场面来抒情的手法是大家在以后作文中可以借鉴的。那么如何来选择细节呢?我把它归结为三点:

(幻灯片展示:真、细、精)

师:"真"就是入情入理,符合生活实际。比如作者在回忆母亲是借谁之口来回忆的?老妪。因为作者8岁丧母,对母亲的记忆并不会很深刻,所以通过老妪之口来说就显得真切自然,又十分感人。"细"就是取材要小而具体,比如对大母的回忆时,"以手阖门"一个小小的动作就可以见真情。"精"就是所选的细节要典型,要选择那些最能表达自己情感、最能使人产生共鸣的细节,比如母亲的那句"儿寒乎?欲食乎?"回想我们以前所学过的文学作品,让我们记忆最深刻的也无非是一两处细节描写。比如朱自清的《背影》,大家对哪个细节记忆最深?

生：买橘子

（幻灯片展示：我看见他戴着黑布小帽……我的泪很快地流下来了。）

师：《背影》从发表到现在，始终具有巨大的魅力和影响力，关键在于作者抓住了生活的细节，父亲给儿子送别时买几个橘子，是件很平常的事，每次大家放假回家再返校，你们的父母也会给你们买一些吃的，关键就在于作者选取了"父亲过铁道"这一细节，这就把父亲对儿子的慈爱，儿子对父亲的眷恋等特别真挚的感情，生动地反映出来。再比如：

（幻灯片展示：曾有过好多回……过一会我再抬头看她就又看见她缓缓离去的背影。）

师：从这一细节我们可以看出什么？

生：可以看出母亲对儿子的爱。

师：当史铁生失去双腿以后，心情十分烦躁，内心可以说压抑到了极点，为了发泄心中的烦闷，他时常一个人来到地坛。那么作为一位母亲，当自己的儿子遭遇人生重大不幸，又独自出门的时候，她能放心吗？不能！但她了解自己儿子的倔强性格，怕伤害到他的自尊心，所以她偷偷地跟在后面，默默地寻找，当发现他很安全时，才悄悄地离开，这一典型的细节，虽然语出平淡，却为我们诠释了人世间母爱的伟大！

那么在我们的成长过程中，你有没有亲历过类似的场面呢？你有没有在亲人的一个不经意的眼神里，一个随意的动作中，一句很平常的叮咛中，一件日常琐事中，深深地感受到亲情的温暖呢？下面就给大家一个诉说亲情的机会，搜索一下你的记忆，有哪些细节和场面，让你感到无比温暖，让你感受到浓浓的亲情。

生1：在每次考试考不好的时候，母亲从来不责怪我，反倒是我感到深深的自责，觉得对不起妈妈，这时候妈妈就会摸着我的头说："没关系，咱们只要努力了，考不好也没关系！总结一下教训，下次再努力就行了。"

师：其实任何母亲都不会因为自己的孩子做了错事就放弃对他的爱，更何况你是付出了努力了呢？只要我们能够树立信心，不断努力奋斗，就是对母亲最大的回报。

生2：有一次母亲送我来上学，因为我晚上没吃饭，妈妈怕我不吃了，就坚持要陪我一起吃，我家离这很远，坐车要一个多小时，如果吃完饭再回家，到家就会很晚了，但是妈妈为了我，一直等到了晚饭后才走，当看到她离去的背影在夕阳的余晖中渐渐远去，我觉得很辛酸，我想我以后一定不要让她失望！

生3：……

生4：……

师：从大家的诉说中，可以看出，我们每个人都是无比幸福的，都生活在浓浓的亲情包围之中。由于时间的关系，今天我们就只能说到这了，但是亲情却是诉说不尽、表述不完的。看一下我们今天的作业。

课后反思：从教以来，文言文一直是一个难题，因为学生大多对此不感兴趣。在大家的印象中，似乎文言文就是知道了某字是某意思，某句是某特殊句式就足够了。以往的教学中，我也似乎犯了类似的错误，常常是只重字词教学，而忽视分析文章的内容，导致一提到文言文学生就感到很枯燥的现象。在此课的教学中，我改变了以前的做法，在注重字词教学的同时，更注重情感的体会，以亲情贯串始终，学生虽然大都生活在条件优越的家庭，但是对于亲情依然会有很深的感触，所以自然容易产生共鸣。在本节课中，为了贯彻新课改的理念，让每位学生都参与课堂，我在采用讲授法的同时，还采用了启发式探究法、谈话法。结果发现效果很好，因为学生自己参与其中，所以都显得很有兴趣，并且当我给他们诉说亲情机会的时候，每位同学似乎都有很多话要说，并且从他们的表情我能看出，想到亲人的爱，他们的心里似乎都积蓄着巨大的力量，似乎都有着不要让亲人失望的决心，我想这是我讲解此课意外的收获。通过这节课的教学，我得到了两个启示：一是要充分相信学生，有时他们的能力是你想不到的，所以没必要每个知识点都用讲授法，他们完全可以自己解决，而且会做得很好。二是要在备每节课的时候都找到一个学生感兴趣的联系点，这样他们就兴趣盎然！

(三)新课程改革背景下的评课活动是激发新教师快速成长的不竭动力

学校开展的评课活动，是为教师搭建一个加强教师之间互动、促进专业发展的平台。教师教育教学水平的提高，不仅在于教师本身要不断地学习、充电，还需要教师在群体的互动活动中来实现取长补短、相互学习、共同进步、不断提高。这种群体互动既包括教师同事间相互学习、共同研讨的评课活动，还包括学校领导检查性的评课以及上级专家的鉴定或评判的评课等。新课程改革背景下的教研活动逐渐转向实效性，此时听课、评课、观课活动的开展对于教师的成长无疑是起着积极的推动作用的。

评课是一门互动的科学，是一门技术的同时，更是一种评说艺术。既然是艺术，就要改变以往"蜻蜓点水"的即兴点评，或"报喜不报忧"的假话一言堂，而是要运用智慧，讲究技巧和方法，要体现"对话"理念，实现群体互动，在和谐、愉快的氛围中谋求发展。新课程背景下，教师角色的转变，教与学方式的改变，使我们评课时关注的重点也随之改变。但是万变不离其宗，评课的目的是为了改进、优化和提高。一位哲人曾经说过，人的最本质的内心是渴望得到别人的赞许的。所以对教师的教育行为的评价尤其是新教师的评价要讲究方式方法，只有这样，才能使新课程改革背景下的评课活动成为有效激发教师快速成长的不竭动力。要达到这一目的，评课时要多找优点，原因有如下几点：

1. 多肯定——激励教师成长的需要

评课的目的是为了促进交流、相互学习。使教育教学理念在交流、探讨中得以升华；使教育教研能力在交流、沟通中得到加强；使教育实践者的教育技能技巧在评课中得到改进；使教师的教育教学水平得以提高。在新课程改革背景下，评课者会根据自身的教育理念、教育理论、新课标对素质教育的要求对授课者进行评价和判断。而激励教师不断进取是评课的初衷，尤其是没有教育经验的"准教师"们更需要激励和赏识。此时若以理想中好课的标准去要求他们，未免有点吹毛求疵，过于苛刻。合理的批评固然是有好处的，但也要分场合、分对象，切忌说得一无是处，使其灰心气馁。这个时期的新教师需要鼓励、支持、肯定及认可。评课时要努力发现其教学过程中的闪光点，给他体验成功的喜悦。激发其专业成长的自信心，增强其对自身角色的认同感，从而增加未来从教的信心，这一点是非常必要的。因为新教师更需要激励。

2. 挖掘潜质——形成教师个性风格的需要

某些学校为了形成自己的办学特色，倡导千篇一律的教学模式，来彰显自己的独特。正是这种固有的模式，扼杀了教师的教学个性。不是每个教师都能成为特级教师，但是每个教师都能成为有特色的教师，运用适合于自己的教学方式和方法来进行有特色的教学，形成具有自己个性特色的教学风格。评课教师要通过多找优点的方式，给予他们肯定和认可，帮助授课教师较快认识和挖掘出自己的特点，不断地发扬光大并加以发展完善。多找优点并不是回避缺点或说假话，而是对于缺点和错误要求真务实、客观公正地指出，这是对授课教师负责的态度，也是对同伴予以尊重的体现。

3. 意见中肯——共同提高的需要

新课程改革背景下的教师，面临一种全新的挑战。他们渴望从同伴尤其是优秀教师那里得到肯定和认同，急于实现自身的价值。因此，评课教师提出的意见或指出的缺点，要有理有据，建立在充分肯定的基础之上，以相互切磋为前提，通过共同探讨，实现"平等对话"的理念。态度要真诚和谐，讲究评说的艺术。评课要力求做到全面、具体、有序，意见中肯。使其明确改进的方向，同时还要注意保护授课者的自尊心和教育个性。评课多找优点，并不是要多表扬、不切实际地乱表扬。而是要在听课后进行思考和总结，评课时要把长处落实到位，多一些鼓励，多一些包容，这样找出的优点才有意义，才能促进双方共同提高。

课堂教学本身是一个复杂的过程，又受授课者自身的素质和所处环境的制约。所以评课的方式也要因人而异，不能用相同的模式或标准去评价所有的教师。每位教师都有自己的闪光之处，评课活动应重在鼓励，重在发现授课者具有的良好潜质，从而对其进行合理的引导。给每一位教师多一点赏识和鼓励，使他们多一份信心，快一些成长。

二、新课程听课、观课、评课的平台——课堂教学

课堂教学是教学活动的中心环节，应该以新课程改革的理念为先导，借鉴传统教学的成功经验，应该具有时代气息，与时俱进。课堂教学又是一种不断产生遗憾、不断产生反思、不断进行完善、不断如此反复的行为，对教育实践者来说是一种永无止境的追求。新课程背景下的课堂教学为教师群体理念的提升、同行间相互借鉴经验提供了听课、观课、评课的高效平台。

（一）听课——在聆听中把握课堂教学的真谛

新课程改革背景下所追求的课堂教学方式是以"自主、合作、探究"为主，转变传统课堂教学的"教师为主、先教后学、集体教学、课后训练"的策略，倡导以"学生为主、先学后教、个性教学、随堂训练"的创新课堂教学策略。努力实现课堂教学的有效性和实效性。

听课是一种对课堂教学进行仔细观察的活动，是提高教师素质、提升教学质量

的最为重要的方式。在提倡课程改革和追求高效课堂教学的当下，听课则是新教师的必修课程。在听课时怎样观察与分析课堂教学呢？笔者认为可以从以下几点加以把握：

1. 课堂教学是否以学生为主体

有效课堂教学的显著特征就是要变教师传授型为主的教学为学生探究型为主的教学，为学生创设一种自主探究、合作学习、积极互动的良好的开放教学氛围，让学生愿学、乐学，从而提高课堂教学实效。以学生为主体的课堂是学生自主学习、合作学习、充满自信、体验成功、感受快乐的课堂。这就要求授课教师在熟悉教学内容的基础上，对集体讲授的教材进行少而精的浓缩处理，严格控制讲授引导的时间，要尽可能地把课堂的大部分时间交给学生。为避免这样的课堂成为学生放任自流的地方，教师要有完善的课堂教学设计用以适当、适时地调整和引导。

2. 课堂教学是否以先学后教为导向

在全面推进素质教育的今天，提高课堂的实效性则是通过转变教学方式、调整教学策略来完成。作为教学主阵地的课堂教学，直接关系到学生学习兴趣的激发与保持，知识、技能的掌握与提升。新课程教学理念所提倡的"自主、合作、探究"的课堂教学方式，就是要注重培养学生自主学习的意识与习惯，不断提高其自学能力。自学能力是学生在未来社会必须具有的生存能力和学习能力。提高学生的自学能力，教会学生学会学习，也就成了教师课堂教学的目标之一。每节课的课前预习是中学生的必修模块，学生要带着问题开始每节新课的学习，教师要提供给学生良好的课堂自学氛围及自学时间，使学生在课堂教学环节上，通过师生互动、生生互动的合作探究活动，把课前的疑问得以解决。这才是正常合理的课堂学习方式。

3. 课堂教学是否以个性化教学为追求

与传统教学中集体课堂教学相对的就是具有创新意义的个性化教学。个性化教学即授课教师对集体授课时间进行严格把握，尽可能地把课堂的大部分时间交给学生"自由支配"。在学生进行"自由支配"的时间里，教师可以对小组集体进行答疑指导，解决其具体疑难；可以对个体学生进行学习方法及学习策略的点拨，帮助其找到适合自身特点的、独特的学习方法；对有独立思考问题能力的"尖子生"进行个性培养。个性化教学的实施旨在改革传统的课堂教学，把课堂的大部分时间还给学生，培养其自学能力、自主探究能力与小组间的协作学习能力。

4. 课堂教学是否以随堂训练为策略

当堂任务，当堂消化。既是符合课堂教学实际的教学策略，也是响应了长久以来的减负目标。随堂训练就是把课堂练习的反馈环节当堂消化，随堂解决。通过这一环节的开展，充分发挥了同伴互助学习、协作学习的优势，也使每位学生充满了自信。

新课程理念所追求的课堂教学目标，是注重培养能够适应未来社会生存与发展、能够进行终身学习、能够具有可持续发展的教育。在听课中注意把握课堂教学目标的达成，把握课堂教学的课堂导向及策略。听课是新教师进步的基石，它不仅包括对现场授课的观摩和研究，也包括同事间用以交流和切磋的课堂教学实录。听课是新教师成长的阶梯，是新教师进行自我检验的法宝。听课后及时进行反思交流，精华部分发扬光大，不足之处多加分析，加以改进，寻求另一种突破。

(二) 观课——在观察中感受课堂教学的艺术魅力

从课堂教学角度来观课评教，会使原有的"好课"的形态有所改变。课堂教学的根本，是在有效的40分钟内，运用各种精美的、有助于课堂教学的"教学艺术"，来帮助引导学生更有效地学、更有效地达成课程目标。使观课教师在愉悦的氛围中观有所感，察有所获。授课教师教学艺术的巧妙使用则体现在课堂教学的各个环节中：

1. 新课引入艺术

成功的、精彩的新课导入，为新课的讲授创设学习情境，既能承上启下，又能激发学生的学习兴趣，激发学生的求知欲，把学生的注意力快速集中到课堂教学上来，使学生有准备、有目的地进入新课学习。新课导入的方法和形式多种多样，可以开门见山，可以温旧导新，可以巧设悬念……，可以因课型的不同、学科的不同、内容的不同，选取不同的、适宜的新课导入方法。

2. 新课讲授艺术

课堂教学中新授课的讲解部分是一节课的关键环节。

各类新授课型有其自身的特点，授课教师必须掌握好其基本规律和教学技能。精心锤炼自己的教学语言，在最短的时间内用准确、清晰、生动的教学语言讲授教学内容，然后组织学生进行有效的学习。在这个环节中，授课教师还要充分发挥教学智慧，来应对课堂教学中的变化。

3. 课堂启发提问艺术

在课堂教学中，教师要依据教学大纲及知识体系，针对教学内容的重点难点，在启发学生积极思维的关键点上提出问题。教师要以巧妙的设计，使问题具有趣味性、启发性、针对性。课堂提问是教师了解学生感知教学效果的重要途径，也是培养学生创造性思维能力的基本手段。根据学生回答问题的反馈情况及时调整课堂教学进程，使其更切合课堂实际。

4. 课堂评价的语言艺术

教师要认真研究锤炼自己的评价语言，使其对学生的评价准确得当、恰如其分、具有针对性。避免在课堂教学中一味地批评纠错，要用激励赞赏促进学生进入积极思考的最佳状态。教师课堂评价语言要有赞美声，用丰富、精炼的语言表达出对学生敢于发表意见的赞赏，对学生积极思考问题的肯定，恰当地揭示出回答信息是否正确。

5.板书布局美观合理

板书是教师讲台艺术的重要部分，板书设计是教师的教学基本功之一。布局美观合理的板书，犹如一幅风景秀美的艺术画卷，让人赏心悦目，印象深刻。教师对每堂课的板书设计都进行认真研究，力求根据授课内容和特点，灵活运用字体，增强学生的视觉记忆。

6.教学媒体的应用艺术

多媒体辅助教学的诞生，摒弃了过去刻板的"一本书、一支笔、一张嘴"的教学模式。媒体艺术的运用可以从视觉、听觉、动觉多层次地启发学生，使其思维更广阔、深刻。但是"宁缺毋滥"又是多媒体辅助教学的使用原则，避免运用媒体教学的盲目化、为了用而用。因为教师是使用教学工具的主人，而不是从属于教学工具的奴隶。

7.结课的艺术

圆满的授课结束时，能给学生留下悬念，为下节课设下伏笔，启发学生进一步思考，为后续课程的教学拓宽思路。对结课语及结课方式的设计要根据教学内容和要求的不同、教学对象知识结构的不同进行精心设计和选择，可以总结归纳，可以首尾照应，可以启发预习……

随着新课程的推进，观课活动已经上升到了"教学理念"，而理念的落实，则是体现在课堂教学方法上。选择设计教学方法的艺术，是为了更有效地实现教学内容，体现了先进理念的教学方法应该被大力张扬。在课堂教学的实践探究中，一个"活"的课堂教学展现，给予我们观课的收获也是丰富、广阔的，同时也是弥足珍贵的。

(三) 评课——在交流对话中改进课堂教学

评课活动是一种诊断和激励，是教师进行自我反思、校内教研、同伴互助的有效模式，是同行间零距离的智慧碰撞，是提升教学理念、调整教学模式、激发教师工作潜能、促进相互发展、共同提高的平台。评课活动又是一门具有科学性、目的性和多样性的科学和实用技术，不同教育教学群体通过评课活动，"仁者见仁、智者见智"，各抒已见，在增进彼此了解的同时，也对教育教研活动的发展、推进课堂教学改革的实施有着积极的、不可估量的作用。

1. 教学诊断作用

"当局者迷，旁观者清"，通过评课活动，从不同的角度评价出一节课的亮点与不足之处，从不同侧面评价出授课教师的教学理论的把握能力、教学实践能力、课堂教学掌控能力及教师各方面的素养。结合课堂教学中教与学的情况进行评析，对授课教师课堂教学中的成功与不足之处做出"诊断"。通过交流与沟通，群策群力，借题发挥，一起探索出改进缺点、解决问题的方法。这是一个"诊断——治疗"的过程。

2. 教学导向作用

有诊断，就有导向。评课活动本身具有方向性和目标性，通过评价目标和评价体系的指引，通过同伴评课的诊断反馈和改进建议，为教师如何"教"、学生怎样"学"以及应达到的程度指明方向。让授课教师明白哪个方面哪些内容该如何处理，教学方法该如何选择，教学手段该如何运用等。引导教师向正确的方向发展。体现了评课对课堂教学的导向作用。

3. 激励改进作用

激励功能是评课功能的重点。评课者对授课教师课堂教学优点的肯定和赞赏能够唤醒其进取心，激发其创造力。激励授课教师扬长避短、再接再厉，形成自己独特的教学风格，取得更好的教学效果。授课教师也通过评课活动认识到自己的不足之处，找到失败的原因，在以后的教育教学中扬长避短，加以改进。使课堂教学效果不断地得以提高和优化，从而提高整体教学质量。

4.教研科研作用

评课活动既是教研活动，又是科研活动。无论是成功的经验还是失败的教训，都是校本教研的真实材料。评课活动在教育理论与教学实践之间架起一座桥梁，是一个验证理论、指导实践的过程，也是一个实践操作、升华为理论的过程。把评课活动中获取的教学理论、经验和信息，运用到自己的课堂教学中，再把整理到的经验加以概括总结，形成更加完善的教育理论。如此反复，教师的教育科研能力在得以提高的同时，教师的教学素养也必然会有一个飞跃的发展。

5.沟通协调作用

评课活动是教育教学工作者间相互学习、切磋教艺和交流心得的群体活动。评课过程是教师间沟通意见、融洽情感的互动过程。从教师角度而言，能够挖掘内在潜力、相互激励进取，从而形成良好的教学风气；从学生角度而言，能够调动其学习积极性，激励其创造性思维，从而愉快有效地愿意学习、乐意学习；从学校领导角度而言，在检查、指导、评估教学工作的同时，也促进教师教学能力的提升、教学质量的提高；从学校角度而言，能够增进校际之间的交流、沟通、切磋、合作，融洽相互间的感情。

一位哲学家说："你有一个苹果，我有一个苹果，彼此交换以后还是一个苹果；如果你有一个思想，我有一个思想，彼此交换以后，每个人就有两个思想。"所以，教师间的评课活动，要长久持续地开展下去，因为评课对教育教学产生的影响是功不可没的，是不可或缺的。

三、新课程听课、观课、评课的桥梁——教学研究

自然界中矛盾是普遍存在的。任何事物都具有两面性，听课、评课、观课也不例外。在新课程改革的背景下，教育实践者必须进行审视和反思，必须对听课、评课、

观课的作用与功能进行重新的界定和评估。对活动的积极作用予以发扬光大，同时也要避免其消极作用成为课程改革的绊脚石。只有掌握好引起质变的"度"，才能使我们在学习他人、借鉴精华的基础上，注重思考，开拓创新，积极探索新的教学研究方法和举措，早日形成自己的风格与特色。

（一）听课——打开教学研究的一扇窗

教学研究即对教学工作进行研究的一门科学，具有很强的实践性和理论性。新世纪教育发展越来越需要科研型、学者型教师。科研型教师把自己的教学实践及教学经验加以总结，上升为教学理论，形成自己特有的教学特色。

一位校长曾经说过："我们不仅仅把教师当作一种职业来从事，还应把它当作一种事业来追求，更应该把它当作一种专业来研究。"指出了教学研究是教育教学改革的需要。在施行新课程改革的今天，原有的教学内容和教学方法，需要重新认识，需要重新完善，新课程改革指导思想的贯彻落实，所有这些，都依赖于我们通过教学研究来解决。听课活动是我们一线教师进行教学研究最基础的一步，听课为我们打开了教学研究的一扇窗。

1.听课活动要有指向性

课堂教学是教研活动的重点，而学校教研活动的基本模式是听课与评课。目前"听课→评课"在一些学校流于形式，为听课而听课，没有倾向性，没有目标取向，只是记录下整个教学过程，最后给予一个综合性的评价，敷衍了事。规范的听课活动是听课者带有明确的目的性，有明确的听课观察主题，带着任务进课堂，带着问题去听课。认真听课，深入思考，在预设的目标达成的基础上，听课教师与授课教师进行针对性强、指向性明确的交流、沟通。听课是从课堂教学中收集资料信息的一种教育研究方法。

2.听课活动要有深度

如果听课活动没有主题，听课教师毫无负担，虽参与了教研，思维并没有真正进入"研究"的状态，也就没有深度可言。规范有效的听课活动，听课教师应有备而来，应沿着"主题→观察→现象→归因→对策"的流程去听课，去研究课堂教学过程，范围小但目标明确。从"总体情况""归因分析""改进建议"三方面与授课教师进行探讨、交流、商榷，总结出改进意见，说课应是一种有深度的研究活动。

3.听课活动要自然态

听课活动在形式上要追求自然态。得到预先通知、历经反复"磨"课、学生得到"暗示"的公开课，是一堂表演课，课堂则是一个秀场。如此失去本真的研讨课怎会具有探讨、分析的价值？自然状态下的研讨课，呈现的才是一种真实的教学研究活动，才可以使听课教师记录下那些只可能在课堂教学现场产生的、与预设目标相关的感悟和理解。因此，自然态的听课活动才有利于教师感受、体验真实的课堂教学现状。

听课活动所具有的独特的功能将成为教研方式的一种变革，在解决教研活动中听课低效问题的同时，也为我们的教学研究打开了一扇窗。

(二) 观课——开启教学研究的一扇门

观课是一种研修活动，也是日常教研、教师培训活动的主要模式之一。"眼睛是心灵的窗户"，通过眼睛观察，记录课堂教学，收集课堂教学信息。授课教师的教学语言、教态，课堂教学的情境设置，师生教与学的精神状态等，都是观的对象。观课者要用眼观察课堂，用心感受课堂，用脑领悟课堂。

1.观课是一种教学研究文化

观课是指由观课活动的设计者、组织者、实施者等活动群体，在观课活动中相互提供教育教学信息，共同收集、共同感受课堂信息，对共同的主题进行对话、商榷、反思、总结。观课是评课的前提和基础，有效的观课，是要用眼睛看，用耳朵听，用心灵感悟和体验，用头脑思考和判断。一如日本佐藤学博士在《静悄悄的革命》中指出的："进行实例研究的目的并不在于评价课上得好还是坏，而是让大家一起共同感受'乐趣'和'困难'所在。授课过程中的突发事件是极其复杂的，必须读懂看起来单纯的事件背后所隐藏的复杂性。因而在讨论中，最重要的是丢开一切抽象的语言，只说出自己所观察到的事例的质朴感受和具体的事实本身。只要大家能相互交流自己朴素地感受到的一切，就必然能学到许多意想不到的东西。"

2. 观课是一种教学研究方式

观课是以改进教师的课堂教学行为、提高课堂教学质量为目的。因此，看观课活动是否有效，取决于这节活动课是否对教学实践产生一定程度的影响，取决于观课者是否认同、接受了什么。

新课程改革理念下的观课，区别于以往流于形式的观课，具有很强的指向性和明确的目的性，使教学研究更有深度。观课教师群体要做好教材解读、分析研究及观课的前期准备，像备课一样，有课堂预设思路、观课的侧重点，分别确立自己的观察对象、观课的主题、观课的时间段、合适的观课位置。观察学生，深入学生中间，观察他们的学习活动、精神状态、学习的感受和体验。按不同时段的顺序选择合适的位置坐好，以便于观察、思考、记录。只有这样，观课教师才能提出更有价值和意义的讨论话题和问题，才能使观课活动真正达到改进教学、促进发展、共同提高的目的。

总之，教学研究应该"可持续发展"，应该凸显时代精神，与时俱进。观课是课堂教学研究常用的方法之一，它与教师的专业成长具有密不可分的联系。

3. 观课是一种教学研究的自助

有效观课需要观课教师转变观念，积极思考。

"观"教师的教和学生的学时，要思考授课教师"教"背后的教学理念及其教的行为是否收到了预期的效果，思考教师教的效果与学生学的效果之间的必然联系。

这样的思考会使观课者从效果出发研究教学、改进教学，通过观课活动力求进行有效教学。这样的思考使观课者不是坐在旁观席上，而是置身于一种学习这节课、准备这节课的状态中，让自己在观课中真正有所收获，有所启迪。使观课能够真实地对教学实践产生影响。

总之，走进课堂进行观课，不是为了完成学校的听课任务，不只是为了帮助授课教师改进不足，而且是为了自助，为了自己有所收获，为了自己的专业成长。观课致力于建设合作互助的教师文化，观课老师应该真诚地提供自己的经验、意见与他人分享。因为首先是自助，然后才能互相帮助。所以需要自己更加积极主动。

(三) 评课——走进教学研究崭新的殿堂

1. 评课的主题应是来源于实践活动的、共同关心的问题

听课是评课的基础，根据听课者的需要，进行某一方面的关注或思考，如授课教师的优势、特色、风格、需改进的地方、需商讨的问题、教学流程中存在的问题等。主题是参与者共同协商确立的，可以是来源于实践活动的困惑，可以是来源于教育教学的实验或创新，可以来源于个体，可以来源于群体。总之应该是大家共同感兴趣并可以参与交流解决的。评课是一种"仁者见仁、智者见智"的沟通与交流，或激励赞扬，或蕴含希望。因为评无定法，只有评课者与授课者达成一致，围绕共同关心的困惑或问题进行点评、交流和反思，点评内容才会真正落到实处。

2. 评课的基础应是正视事实、平等对话

评课教师不把自己当成局外人，站在对方的角度设身处地理解对方的情怀，理解授课教师所处的教学环境和设施条件，理解他们的心情和感受。在评课时就事实来评论事实，把授课教师的问题当成自己的问题，共同研究问题、解决问题，在解决问题中共同进步。围绕课堂教学中的信息进行对话交流，思考和研讨相关问题。挖掘出未知的隐含的东西，彼此敞开心扉，互相启发，共同分享。有效评课需要以

正视事实、平等交流为基础。评课时需要询问，需要倾听，需要鼓励主题的多样性、探讨解决问题的多样性。在评课过程中，评课者要真诚沟通，避免高傲、唯我独尊的高姿态。平等交流的态度也是对授课者的尊重和肯定。

3．有效评课致力于改变教师的工作方式和人际氛围

有效评课追求的是课堂教学方式的改进和教师专业素质的发展，有效评课为教师群体提供了交流和探讨的平台。评课不能看成是找授课老师的缺点和不足，而是作为活动的参与者，来共同面对困惑和问题，从实践角度、操作角度提出问题，思考解决问题的途径和方法。教师在交流时要注意语言的委婉表达，针对问题，互相探讨，使自己对于教学改进的意见建立在可以操作、可以转变为实践行为的基础上，使授课教师易于接受，从而使议课能够真实地对教学实践产生影响，达到"双赢"的境界。

这种从接受到参与、从被动到主动、积极参与的态度，在人际交往方面，致力于建构教学中互助、生活中彼此关照的人际氛围。

4．有效评课致力于发现更多的教学可能性

"评"字凸显出教师作为专业主体的地位。评课的目的是帮助教师理顺教育观念、教学设计、教的行为、学的行为、学的效果之间的具体联系，以便根据主体的不同，采取措施改变其中的相应环节，去发现更多的教学可能性。

教学可能性是多种教学途径、方式、方法、行为、效果等发展变化的可能性的集合。教学过程因受多种因素影响和制约，具有发展变化的多种可能性。也就是说，发生在课堂的事件不会只有一种可能，更要关注潜在的隐含的可能性。因此，评课的任务不是追求单一的改进建议，而是探讨更多的发展可能以及实现这些可能的条件和限制。由此可见，评课的过程，是参与者不断拓宽视野、不断开阔思路的过程。

理解和掌握了更多教学性，教师就可以自主选择更适合自己、更适合学生、更

适合教学内容与教学情境的教学方式和行为，以便使评课能更好地改进课堂教学，促进教师的专业发展。

5. 有效评课致力于推进有效教学

有效教学的判断标准在于学生学到什么，学得如何。评课活动可以从以下三个方面追求教学的有效性：

(1) 鲜花和绿叶的关系

学生是花，老师是叶。鲜花有了绿叶的衬托才更美丽，绿叶有了鲜花的绽放才更能体会到生命的价值。把学生放在主体位置的教学，才算是成功的教学，因为学生才是新课改的希望。所以在评课时，更要评判学生的学习能力、学习方法、学习效果等方面是否合理、是否进步、是否有成效。

(2) 有效课堂的标准是学生积极主动、学习有序

课堂依然是学习的主阵地，课堂教学是否有效，直接关系到学生的学习效果，关系到学校整体的教学质量。而有效课堂体现在学生身上就是学生积极主动地、有序地学。评课时把在学生身上发现的问题，如看学生学习是否吃力、对老师的授课方式是否容易接受、是否有学习效果等提出来，和授课老师共同探讨、商榷，取得更好更完善的解决办法，从而尽快帮助学生取得更大的进步。

(3) "水"的变化

我们一直以"水"的多寡来描述教师的知识储量。80年代，学生要有一杯水，老师要有一桶水；90年代，学生想要水，老师要有长流长新的自来水；新课改期间，学生想要水，老师要引导学生自己去找水。从"水"的变化过程可以看出，我们的教学方式、教学理念的改变，由教师的"教"为中心变为以学生的"学"为中心。所以在评课时，我们要把重点放在评议学生能否在老师的引导下找到"水"，找"水"的过程是否培养了学生的创新精神、创新意识和创新能力。

教学是有缺憾的，无论教学专家还是普通教师，谁的课堂都不可能尽善尽美、没有任何瑕疵、无可挑剔的。正是因为教学中存在这样那样的问题和缺憾，才有了听课者与授课者进一步探讨与思考的机会。这是一种思维的碰撞，也是一种思想的激活。无论是成功的课，高效的交流，还是失败的课，低效的沟通，无论是教师课堂教学出现的一些预想不到的问题，还是教师灵光闪现的教学机智，都是不可多得的教育教学资源。

教师的职业是崇高的，因为教师有宝贵的财富——激情与思想。激情是前进的动力，有了激情，我们才会努力；思想是前进的方向，有了思想，我们才会感悟。在进行职业奉献的同时，也在享受教师独有的幸福：走进教室满怀期盼，走上讲台游刃有余、得心应手，走出教室回顾教学，能享受愉悦的审美体验。让我们把听课、观课、评课作为实现有效教学的桥梁，凝集体之智慧，享群体之精华，提高我们的教学水平。

第二章 听课、观课的艺术

随着我国课程改革的全面实施和素质教育的不断推进，学校层面的教研活动也更为广泛地开展起来。听课、观课作为最基本，也是最重要的校本教研形式，对促进教师的专业化发展和提高教育教学质量起着举足轻重的作用，因此也受到各级学校、教育主管部门的广泛关注。与此同时，各种公开课、示范课、观摩课、研讨课更是层出不穷。从教师的角度来看，从走上工作岗位的那天起，就要参加各种听课、观课、观摩教学或学习取经，或交流分享，或指导斧正。可以说，听课、观课活动要伴随着每一位教师的专业成长，是教师一生必修的课程。

虽然作为校本教研的听课、观课活动在学校广泛开展，学校经常组织教师进行各种类型的听课、观课。但是，当前中小学教师的听课、观课现状却不容乐观。

怎样开展好听课、观课活动直接关系到教师的成长和教学质量的提升，更关系到课程改革持续有效地深入开展。那么，什么是听课、观课？新课程背景下，教师该如何听课、观课呢？

第一节 什么是听课、观课

一、听课的定义

按照现代汉语大词典中的解释，"听"的本义是用耳朵来感受声音。但是对于

"听课"中的"听"并不能简单地理解为用耳朵去听，而应理解为通过感官获取信息。也就是说，听课不单纯是听，而应包含获取课堂信息的各种方式，包括听、看、想、记等，我们将之概括为对课堂的观察。

听课是一种对课堂进行仔细观察的活动。它强调的是动用多种感官来收集课堂信息，包括观察教师与学生的语言与行动，观察整个课堂的情境与故事，观察师生的上课状态与精神面貌等。听课对于了解和认识课堂有着极其重要的作用。听课者通过对课堂上出现的各种问题的观察，结合自己的理论知识、教学实践，就可以总结出很多值得探索、深思的地方。

听课需要听课者掌握一定的技能和方法。听课是一项专业活动，不仅对授课者有要求，对听课者也有专业的要求。听课者一方面应具备一定的教育理论知识、教学修养以及教学经验，另一方面应掌握一定的听课技巧，需要在自己原有的教育思想和教学经验的基础上，以看、听、想、记和谈多种活动协调开展，确保听课的质量。

听课是提高教师素质、提升教学质量的重要方式。听课不是目的，而是一种手段和途径，是教学研究的重要手段，也是教师相互交流、相互学习和促进教师自我反思的重要途径。

综上所述，我们认为，听课是教师或研究者凭借眼、耳、手等自身的感官及有关的辅助工具（记录本、调查表、录音录像设备等），直接地（也有间接地）从课堂情景中获取相关的信息资料，从感性到理性的一种学习、评价及研究的教育教学方法。

二、观课的定义

"观课"是随着课程改革的实施发展起来的一个概念，它的核心意思类似于"听课"，也就是课堂观察。但是从"听课"到"观课"，虽一字之差，其内涵却丰富了很多。从"听课"到"观课"，不只是换了一个词语，一种说法，实际上"词的变化就是文化和灵魂的变化"。所谓"观"，强调用人的多种感官，既要用耳，也要用眼，还要用脑、用心以及一定的观察工具，收集课堂信息，特别是透过眼睛来观察，课堂上的一切因素都会成为观课感受的对象。同时，它更追求用心灵感受课堂、体味课堂。

对国内一线的教育工作者来说，"观课"并不是陌生的词语，但对于"观课"的系统研究为数不多。关于听课与观课的概念，一些学者进行了比较分析，如邵华光认为观课与听课对"听"的强调不同，观课的"观"强调用多种感官（包括一定的观察工具）收集课堂信息；"听"不包含"观"，而"观"包含"听"，"观课"比"听课"有更深层次的意义。朱郁华认为从"听课"到"观课"不只是换一说法，更多的是一种教研文化的建构。现在很多学者也都采用"观课"一词，把"观课"界定为观察者带着明确的目的，凭借自身感官（如眼、耳等）及有关辅助工具（观课量表、录音、录像设备等），直接从课堂情境中收集资料，并依据资料作相应研究的一种教育科学研究方法。

综上所述，所谓观课，就是把课堂教学活动作为观察对象，观课教师运用多种感官或辅助工具全面收集课堂信息，在充分拥有信息的基础上，围绕共同关心的问题进行对话和反思，对课堂所生成的教学现象及规律进行观察和研究，以改进教学的校本教研活动。它更强调观课教师主动参与课堂，全身心地感悟课堂，全面关注师生的教与学的双边活动，更能让观课者深入到课堂情境中去。

三、听课和观课的联系与区别

（一）听课和观课的联系

在教育研究领域，不同的学者虽然用的概念不一样，有些用"听课"，而有些用的是"观课"，但从定义上看，很多学者都将"听课"、"观课"等同于"课堂观察"。因此我们可以总结出以下几点二者的相同之处：

1."听课"和"观课"都是对课堂教学的观察

无论是"听课"，还是"观课"，都是听课、观课教师深入到课堂教学中来，对授课教师的教和学生的学进行仔细的观察，并根据观察的结果进行交流和研究的一种教研的方式。它们都强调运用多种感官对课堂信息进行收集、整理、总结、反思和交流，都是一种对课堂教学的观察活动。

2."听课"和"观课"的目的都是为了促进教师的专业发展和教育教学质量的提高

"听课"和"观课"都是授课教师和听课、观课教师相互提供教学信息、共同收集和感悟课堂信息、围绕共同话题进行对话和反思的活动。帮助教师更新教育观念，优化教学设计，拓展发展空间，促进教师对日常教学行为进行反思，从而达到改进课堂教学、提高教育教学质量、促进教师专业成长的目的。

(二) 听课和观课的区别

听课和观课虽然有共同点，但是二者也有明显的区别。"观课"是在批判传统的"听课"弊端的基础上发展起来的新概念，充分体现了新课改的理念，体现了新理念下教研文化的重建。因此，结合新课程的教育理念，我们可以总结出"听课"和"观课"有如下六点区别：

1.观课更强调目的性

在新课程理念下，一节课包含着大量的信息，作为观课者要想不分巨细、面面俱到是不可能的。所以要想进行高效的观课，就必须在观课前确定好这节课的观课目的。不同的观课目的所确定的观课重心也不同，这样就会使观课教师有的放矢、有所取舍。例如，这节课的观课目的主要是了解授课教师对教材的处理情况，那么观课教师的观课重心就要放在授课教师身上，教材如何取舍的，教学活动如何设计的，向学生提了什么问题，学生是怎样回答的，教师做出什么样的反应，学生的学习效果如何等。如果观课目的是了解如何在课堂上照顾学生的个别差异，那么观课教师便要多留意授课教师的讲解是否能让每个学生都听得懂，小组讨论时有没有让水平高的学生照顾水平低的学生，所安排的练习是否满足不同能力的学生的需要等。

2. 观课更强调课前的沟通

与传统的带着笔记直接进入课堂的听课不同，观课要求观课教师与授课教师必须进行提前的沟通。沟通能加深观课教师对授课教师、授课班级等自然情况的了解，这就有助于理解授课教师如此设计教学过程背后的意图。同时，沟通也能让观课教师对授课教师的教学过程有个大概的了解，做到心中有数，同时根据相关信息确定观课的目标。明确观课的目标后，观课教师要围绕观课目标，查阅相关资料，搜集有关信息，做好充分的观课准备工作，使自己对要观察的问题有一个全面的把握，进而在观课的过程中能发现有价值的问题，提高观课的效率。

3. 观课更强调对学生的观察

传统的听课目标大多指向为授课者，主要观察授课老师是如何讲的、如何教的。而新课标提倡"自主、合作、探究"的理念，其核心是"以学生为主体"，课堂是否高效的基点都体现在学生的主动、积极、乐学等层面上。因此课堂观察不仅要关注教师如何教，更要关注学生如何学，也就是以学论教。观课则更强调对学生的观察，通过学生的学来讨论教师的教，以学的方法讨论教的方式，以学的状态讨论教的状态，以学的质量讨论教的水平。对学生的观察应该包括学习方式（自主、合作、探究等）、学习方法、学习状态、思维表现、学习习惯、学习行为、课堂气氛、学习效果等多种要素。

4. 观课更强调高参与度

观课要求观课教师不能做一个旁听者，而要做一个参与者。观课者要全身心投入到课堂教学中，让自己参与到课堂教学中，融入到课堂教学情境之中，带着欣赏的目光，感受课堂氛围，享受教学过程。让自己的见解与主讲者的设计发生碰撞，产生更好的教学设计的火花，而不是坐在课堂边上随便听听，做点记录交差，听完课后夹起听课记录走人，事不关己高高挂起。因此，观课要求观课教师尽量坐在学生中间，这样可以更好地从学生的视角发现问题，听课教师则往往坐在教室的最后。

5.观课更强调用心灵感悟课堂

与听课对"听"的强调不同，观课在强调用多种感官收集课堂信息的基础上，更强调对课堂整体的把握，强调用心灵感悟课堂。孔子说："视其所以，观其所由，察其所安。"也就是说，要认识人和事物，既要看他的作为，了解他的思路，更要考察他的动机、价值追求，这样才能更真切地认识、理解和把握观察对象。观课过程中，我们不仅仅是用耳朵听授课教师的语言，用眼睛看授课教师的表现，我们还应通过耳朵的听和眼睛的看，用心灵去感受课堂、体悟课堂。

6.观课更强调主动思考

在新课程理念下，有效的观课绝不是平常听课只填写听课笔记以备检查的无所事事，它更强调观课教师主动进入，积极思考。不经过思考，就不会真正成为自己的经验和思想。观课要求边听边想，授课教师是如何处理这部分内容的，与我的设计有什么不同，有哪些优点和不足，这些都是思考的内容。

四、听课、观课的目的

不少学者都认为听课、观课是促进教师专业发展的一种校本教研方式，教师在听课、观课中，取长补短，促进自身的成长。也有学者认为，听课、观课能培养教师解决课堂教学问题的能力，提升自己的教学经验。另一些学者把听课的课堂作为教学案例，听课的教师们围绕这一课堂案例进行分析研究。还有一些学者把听课、观课作为校本教研的着力点，课堂是教师的主要阵地，而听课、观课就是学校进行校本教研的着力点。通过对学者们的观点进行总结，我们认为听课、观课的目的主要有以下几点：

（一）管理的目的

由于课堂是教育政策、教学要求等最终落实的地方，教师的课堂教学是各方面要求的最终、最直接的体现，通过听课就可以了解到学校的教育教学常规执行得如何，教育教学管理是否到位，课程标准、课时计划执行得如何，新课程改革的精神和要求等是否贯彻落实。所以，听课有利于教育管理者掌握和了解教师贯彻落实教育教学法规、政策和要求等的现状。同时，课堂教学是学校教学工作的主要阵地，是学校教学质量最基本的体现形式。对新课程理念的理解和运用、教师驾驭课堂教学的水平、教学中有什么经验和不足之处，这些通过听课、观课可以得到基本的评价。因此听课也是学校对教学质量管理的重要手段之一。

（二）学习的目的

课程改革对教师提出了更新、更高的要求，教师要想适应新课程的要求，这就需要进行培训和学习，而最有效、最直接、最经济的学习方式就是听课和观课。教师可以通过听课、观课活动学习到先进的理念、方法，结合自己的教学实际，进行思考和吸收，促进自己的成长和提高。通过听课、观课不仅可以学习别人的经验，吸取别人失败的教训，用别人的方法指导自己的教学，更主要的是可以对自己的教学进行反思和研究，将一些听课得到的感性认识归纳为理性的认识，发现自己教学中的不足，通过取长补短、相互交流，改进自己的教学。

（三）研究的目的

听课、观课既是教研活动，又是科研活动。它能在教学实践和教学理论之间架起一座桥梁。它既是一个验证理论、指导实践的过程，又是一个实践操作升华为理论的过程。在听课、观课中可以学习和吸收大量的教育理论、教学经验和先进的教改信息，在自己今后的教育教学中去运用。同时，也可把自己的听课、观课经验进行总结提升，概括形成教育理论，用于指导教学实践，如此循环反复，教师的教育理念和业务素质必然会有很大提高。

(四) 激励的目的

激励，就是激励者利用客观因素，激发被激励者的内部产生某种需要。听课、观课能产生激励的作用。激励既可以是针对新上岗的青年教师或教学能力稍差的教师，通过听课、观课活动，肯定他们的教学成绩，指出存在的不足，激励他们勤奋努力，胜任教学。也可以是针对名师、专家，组织听课、观课活动，树立典型和榜样，鼓励教师向他们学习，激发全体教师积极向上的动力。

(五) 沟通的目的

现代社会是一个开放的社会，学会沟通和交往是现代人所必须具备的素质。因为沟通和协调是工作成功的一个重要因素。从广泛的意义上讲，听课、观课是人际间的群体活动，它具有协调角色、沟通意见、融洽感情的功能。对教师而言，通过听课、观课可以融洽各方面的人际关系，增进相互信任，有助于集体合作，营造良好的教研氛围，促进教学改革的深入和质量的提高。

(六) 考核的目的

怎样评估一所学校的教学水平，怎样评估一个教师的教学水平能力，除了要看考试成绩外，课堂教学是一个重要凭据。通过听课、观课，可以直观地了解教师的工作态度、业务水平、综合素质等多方面的特点。所以，听课、观课又有重要的考核评估功能。

五、听课、观课的要求

(一) 听课、观课前的要求

有效的听课、观课应属于一种具有研究性质的校本教研活动，属于专业技术的范畴。为了确保听课、观课活动的质量，教师在教学实践中应以"研究"的心态来对待听课、观课活动。听课、观课前需要做充分的准备，要有问题意识，带着问题进入课堂,才能做到有的放矢,提高听课、观课的效率。

1.要提前做好功课

俗话说得好,不打无准备之仗。不论是哪种类型的听课和观课,都要提前做好功课,进行充分的准备,这样才能提高听课和观课的效率,取得较大的收获。听课、观课前主要做好两方面的功课。一是要熟悉这节课的相关内容。包括研读教材、学习课标,掌握这节课在教材中的地位以及课标对学生学习情况的要求。只有这样,才能在听课、观课过程中观察授课教师是否抓住了教学重点、讲清了教学难点、完成了教学任务等,才能对听课、观课情况进行具体的评价。二是要了解这节课的背景材料。背景材料主要包括教师和学生的自然情况以及相关的教育教学理论知识等。教师和学生是具体的客观存在,而听课、观课又是带有较多的主观因素的活动。了解授课教师和学生的基本情况是为了理解教师教学设计背后的意图以及学生课堂反应背后的原因,有助于全面地理解课堂教学。同时,随着新课程改革的不断深入,新的思想、新的方法、新的经验、新的问题不断地涌现,听课者应不断地关注和学习有关学科的新的理论、方法和经验,获取新的信息,思考新的问题,从而提高听课、观课的品位,准确地发现教师课堂教学的优缺点,提高听课、观课的针对性和有效性。

2.与授课教师进行必要的沟通

在课前尽可能地与授课教师进行沟通,了解其教学设计意图,以便于对所听这节课进行客观分析。在与授课教师充分沟通的基础上,听课、观课教师可以根据教学设计和意图,选定一个或几个自己需要研究的侧重点,作为自己的听课目标,这有利于教师有研究、有思考地听课,不仅能感受授课教师的精彩和独到之处,及时发现教学过程中的缺憾和不足,为促进自身教学水平提高打下基础,同时授课教师也应该在头脑中设计出课堂教学初步方案,粗线条地勾勒出大体的教学框架,听课的时候再与授课教师的教学设计和过程进行比较，取长补短，促进发展。

(二) 听课、观课中的要求

听课、观课过程中，要求听课、观课教师高度集中注意力，全身心地投入，认真观察，积极思考。既要看授课教师对教材的钻研、重难点的处理、教学活动的设计等，也要看学生的课堂表现、参与情绪、学习习惯等。同时也要详尽记录课堂的教学过程，随时记下自己的主观感受和零星评析。

1. 要求听课教师端正态度，进入角色

有效的听课、观课活动总是以听课、观课教师严肃认真的态度和高度集中的注意力为前提。听课、观课教师要想在听课、观课中取得理想的收获，必须做到以下两点。一是要本着向别人学习的态度，高度集中注意力，不做与听课、观课无关的事。做到认真听、仔细看、勤记录、多思考，不要漫不经心，不要干扰学生学习，不要干扰教师上课，要最大限度地减少外来听课者对课堂教学的影响，尽量使课堂教学以真实自然的面貌呈现。二是要完成多种角色的转变。听课、观课要想听出特点，抓住实质，就需要听课、观课教师依据自己不同的目的和任务，准确定位自己的角色。新课程要求听课、观课教师在听课、观课过程中进入"学生"的角色、"学习者"的角色、"教师"的角色、"指导者"的角色、"管理者"的角色。同时无论听课教师在听课时将自己定位于何种角色，都应把自己定位为教学活动的参与者、组织者，而不是旁观者。

2. 多种感官有机结合，加强对课堂的观察，做好听课记录

应该根据听课、观课的目的和要求，有所侧重地将听、看、记的内容有机、灵活地结合起来。如教师讲和学生发言时，就要以听为主；教师在板书和学生在演练时，就应以看为主；学生在练习时，就应以思考为主等。

一是要听出"门道"。听的内容主要包括授课教师的授课过程、授课教师的教

学语言、学生的发言等。具体讲就是授课教师是怎样引入新课的？授课流程是怎么样的？安排了哪些教学活动？是怎样组织学生讨论问题的？是怎样进行学法指导的？教师的教学语言是否科学、具有感染力？教师在课堂上随机应变的能力怎么样？学生回答问题是否积极？这些都是听的内容，只有把这些细节都听仔细了，才能在课后对本节课的成功和失败进行客观分析，才能达到心中有数。

二是看要"仔细"。教师的一个眼神、一个微笑、一个细小的动作有时也能在课堂教学中起到画龙点睛的作用。学生在老师的诱导下，情不自禁地流露感情，这些都需要我们擦亮眼睛仔细地去看。主要从两方面看，一个是教师的主导作用如何发挥，包括教师的教学理念、课堂的教学效果、教师对教材的理解和处理、教师对课堂的把握、教师的教学基本功等。一个是学生的主体作用如何发挥。看整个课堂气氛是不是情绪饱满，精神振奋；看学生的注意力是否集中，思维是否活跃；看学生在课堂上是被动接受，还是主动学习，学生是否主动参与教学活动；看各类学生特别是后进生的积极性是否调动起来；看学生能否主动提出问题，敢于发表自己的意见、善于合作、乐于交流，是否有创新的意识和创新精神。学生是教师的一面镜子，学生的课堂表现能折射出教师的教学思想，反映出教师的教学素质。

三是记要"得当"。根据听课、观课的类型不同，详略得当地做好听课记录。有些记录应该全面一些，有些记录则要突出某一个方面。一般来说，教学过程可以简明扼要地记录，讲课中符合教学规律、有创新、有特色的好的做法或存在的问题和不足等可以详细地记录，对一些问题的思考或自己的见解也可以详细地记录下来，以免遗忘。听课记录一般包括教学实录和教学点评两方面。课堂实录主要是记录教学过程、教学时采用的方法、各个教学环节的时间安排、学生活动情况、教学效果等；而课堂点评是听课者对本节课教学的优缺点的初步分析与评估以及提出的建议。

3. 有效的听课、观课需要主动思考

光带着"耳朵"来听，而不"动脑"思考的听课和观课，是低效的、毫无意义的。

高效的听课、观课活动中，教师的思维活动是应该贯串整个听课、观课的过程中的，随着教学环节的推进，要不断地思考。听课、观课过程中思考的内容至少应该包括以下几个方面：一是在观察教师教的行为和学生学的行为时，必须思考授课教师行为背后的教学理念和教育追求；二是需要思考"假如我来执教，我该怎么处理？"这种思考使观课者不做旁观者，而是置身其中；三是需要思考评课、议课时交流什么和怎么交流。

（三）听课、观课后的要求

很多教师认为听课、观课就是看别人是怎么教的，课上完了也就完事了，既不进行课后的反思，也不与授课教师交流，这是非常错误的想法。听课、观课很重要的一个环节就是听课后的反思和交流，不进行反思和交流，听课、观课就只能停留在表面层次，很难取得深层次的收获。

1. 要做好课后反思

听课、观课后的总结反思，不仅是对这节课的深入把握，还是听课、观课教师结合自己的教学理论和教学经验做一次理性的再探索。每个教师在自己的教育教学实践中都会形成自己独特的教学风格和教法。这就要求听课、观课教师在听课、观课之后，要善于进行比较、研究，准确地评价各种教学方法的长处和短处，并结合自己的教学实际，吸收他人有益的经验，改进自己的教学。总结反思的内容应该包括：教学目标、内容、重点、方法等的协同程度、课堂教学结构的适宜程度、师生关系中"两主"作用是否协调、教材的示范作用是否得到发挥、教学手段的运用是否适当、教学效果是否显著、教师的基本功是否扎实等方面。

2. 要积极参与评课，反馈要实事求是，以鼓励为主

没有课后的评课研讨工作，课前的准备、课上的观察和思考都成了一己之见，难以形成客观而具有实效的教学财富。所以，在听课、观课结束后，听课、观课教师

必须及时把自己的所感、所悟、所思、所想总结出来进行交流,学习成功的教学经验,倾听他人的分析评议。评课过程中,听课、观课教师要抱着虚心、诚恳的态度,最好先听授课教师讲自己的授课体会,然后再有针对性地提出自己的存疑问题。这种交流虽然也需要指出成功和不足或需要改进的地方,但交换意见时要抓住重点,多谈优点和经验,明确的问题不含糊,存在的问题不回避,要尽可能用平等商量的语气,以鼓励为主。

第二节 听课、观课的准备

一、听课、观课准备的意义

在听课、观课活动中,我们经常可以看到,许多教师会在上课铃声响后,才拿着听课笔记匆匆而来,急急忙忙地浏览上课内容,作听课、观课记录。甚至还有一些教师在授课教师开始上课后还不知道今天上课的具体内容。可以想象这样无准备的听课,其效果肯定不会理想。要想提高听课、观课的效率,取得事半功倍的效果,那么在正式进入课堂听课、观课之前,听课、观课教师就一定要"有备而来",这样才能全身心地投入到课堂教学中来,全方位、多角度地收集课堂信息,提高课堂观察与课后评析的针对性。具体来说,听课、观课的准备有以下几个方面的意义:

1.有助于加强对听课、观课的认识

很多教师认为听课、观课就是观察别人怎么教的,自己不用做任何准备,这种思想的产生完全是因为对听课、观课活动不够重视、认识不够产生的。通过指导教师在听课、观课前进行细致、充分的准备工作,让听课、观课教师在准备的过程中体会到高效的听课、观课活动涉及的范围之广、内容之多,同时也发现自身存在的差距和不足。这样能让听课、观课教师增强对听课、观课活动的重视程度,提高对听课、观课活动的认识,确保听课、观课活动高效地开展。

2.有助于提高听课、观课的效率和效果

听课、观课质量的高低，既取决于听课、观课教师的业务素质和参与态度，也取决于听课、观课教师课前的准备程度。如果听课、观课教师在进行课堂观察之前没有做好充分的准备，缺乏对教材的熟悉，对教学的重难点、知识体系、教学过程等也不清不楚，那么在课堂观察时就较难把握课堂教学的要点，容易分散注意力，将一些重要的内容遗漏。反过来，经过充分的准备，听课教师在听课之前就能够进入角色，在听课之时就有了较为明确的参照物，就能有针对性地思考、比较与学习，也就能对课堂教学有更深刻的感受和体会。因此在听课、观课前进行充分的准备对于提高听课、观课的效率和效果有重要的意义。

3.有助于推动听课教师的专业发展

听课、观课的准备工作，是一项复杂的系统工作。听课、观课教师在课前进行准备的过程，就是一个学习成长的过程。首先，对教材和课标的研读，加深了听课教师对教材和新课标的理解，弄清新旧知识的内在联系，熟知教学内容的重难点，使自己能更加灵活地使用教材和课标。其次，对相关的教育教学理论和课改前沿知识的学习，能丰富自己的理论储备，开阔视野，为自己今后的教学活动提供更多的理论支撑。再次，通过教学预设活动，能提高自己的教学设计能力。经过充分的"课前准备"，在听课、观课过程中，听课、观课教师就会有意识地将自己的教学设计与授课教师的教学过程进行比较，从中找出自己的设计中不完善的地方。由此可见听课、观课前的准备工作对于推动教师的成长有重要意义。

4.有助于促进良好教研氛围的形成

充分的课前准备，能让听课、观课教师和授课教师在课前进行必要的沟通和交流，这样的沟通和交流会把教研的气氛推向高潮，真正实现听课、观课的目的，使听课、观课教师有备而来，满载而归。听课、观课活动如果仅仅要求授课教师事先准备，而不让听课、观课教师作相应的准备，不进行课前的沟通和交流，那就会人为地减少教研的机会，弱化教师教研的意识。因此课前的准备工作，能让听课、观课教师进行教研交流，从而达到共同提高，促进良好教研氛围的形成。

二、听课、观课准备的内容

(一) 思想上的准备

思想上的准备是听课、观课活动的前提，只有把自己的思想端正了，才能积极主动地参与到听课、观课活动中去，才能认真学习授课教师的先进经验，取长补短，促进自己的专业发展。

1. 做好心理上的准备

心理准备指的是听课、观课教师在进入课堂之前做好情绪上和态度上的准备。每次参加听课、观课活动，听课、观课教师都要调整好自己的心理，做好充分的准备。一是要端正听课、观课的态度。无论是何种类型的听课、观课活动，听课、观课教师都要认识到听课、观课的重要作用，积极主动参与到听课、观课活动中来。无论授课教师的水平比自己是高是低，都要怀着学习的心态。古人云："三人行，必有我师焉。"由于各门学科的特点不同、内容不同、教学方法不同，也许授课教师的风格和自己相差甚远，听课、观课教师都要坚持谦虚的态度，按各学科的特点来认真学习，发现闪光点，总结不足和经验，促进自己教育教学水平的提高。二是要调整自己的情绪，做到心平气和、不急不躁。听课者以什么样的意图和心态去听课是很重要的，所以一定要保持平和的心态。一般来说，听课、观课教师不应以检查者、考核者、评议者等身份自居，在听课的过程中，无论授课教师出现哪些失误，或者与自己想法不一致的地方，甚至出现一些突发状况，听课、观课教师都要调整好自己的情绪，不能交头接耳、窃窃私语，更不能直接指出教师的问题，影响教学进程。要保持一种宽容的心态，心平气和，有什么疑惑和问题，课后再与授课教师交流。

2. 要明确自己听课、观课的目的

为了更好地把握课堂教学，提高听课、观课的质量，听课、观课教师在课前一定要确定自己听课、观课的目的。带着目的进入课堂，才能在听课、观课的过程中有所取舍和侧重，达到理想的效果。不同的听课目的，导致听课的侧重点也不同，一般我们可以从以下几方面确定自己的听课目的。一是由学校或教研组统一安排主题。学校或教研组可以根据学校的总体和教师发展需要，确定每学年、每学期、每月、每周的听课、观课主题。所有教师都要围绕这个主题进行听课、观课，并在课后进行总结和交流，形成教学经验材料。例如，本学期的主题是"高效课堂"，那么所有的听课、观课活动就都要围绕着这个主题，听课、观课的重点就要放在课堂效率上来。二是要针对自己教学方面的弱点确定听课、观课的目的，这是促进自己提高的最有效的方法。教师在听课、观课之前要反思一下自己教学中的弱点和不足，确定出一至二个听课、观课目标，带着这些问题去听课、观课，看看别的教师在遇到问题的时候是怎么处理的，自己能不能借鉴一下，这样必然能够收到较为理想的听课、观课效果。三是要针对教学改革需要，确定听课目的。随着课程改革逐步深入，为了适应全面实施素质教育的需要，教材内容不断更新，对教学要求越来越高。这就要求教师不断地学习和提高，针对教改中的热点问题、难点问题，多听课，总结经验和教训，避免自己在课改的道路上走弯路。

3. 要有意识地转变角色

听课过程中，听课教师不能以旁观者的角色来观察教学，要融入到课堂教学中来，有意识地转变自己的角色，确保自己多角度、全方位观察教学，加深对课堂教学的理解。听课教师要充当"学生"角色，使自己处于"学情"当中，要设身处地从学生角度、按学生水平去听课，老师讲的我会了（换位思考），同时也要充当"学习者"的角色，带着一种疑问、讨论、求知的心情去听课，那么就会听得仔细认真。如果是评价考核类型的听课，听课教师除了以上角色外，还要充当"管理者"和"指导者"的角色。一是要进入"学生"的角色。使自己处于"学"的情境中，从学生的角度去反思教师的教学是否满足学生的需求，去看教师怎样教或怎样处理教学内容、怎样引导、如何组织，学生才能听得懂、能探究、能应用、会掌握，这样我们对课堂会有一个基本认识。二是要进入"学习"者的角色。听课、观课教师在听课、观课过程中要抱着虚心学习的态度，去发现授课教师的长处，发现课堂教学的闪光点以及对自己有启迪的东西，做到取长补短，努力提高自己的业务水平。三是要进入"指导者"角色。听课、观课教师如果从指导者的角度来听课，运用已有的教育理论素养和自身的教学经验，能对课堂教学做出理性的分析和判断。既能抓住教学风格和长处，又能准确地发现失当和不足，在归纳概括的基础上形成对授课教师改进和提高的建议，为授课教师做好指导性评议。无论教师在听课、观课时将自己定位于何种角色，都应把自己定位为教学活动的参与者、组织者，而不是旁观者。只有有"备"而来，以学生、学习、指导的角色和授课教师一起参与课堂教学活动中来，才能获取第一手的材料，从而学习到授课教师的长处、闪光点，也为客观、公正、全面地评价一堂课奠定基础。

(二) 业务上的准备

听课、观课之前的业务准备，并不只是熟悉大纲、教材和上课教师的教案就完事了，它是一个包含多方面内容的系统工程，既要对教学理念、学科教改信息有所把握，又要对所听之课的教学目标、教学内容、教学方法等方面有所了解，既要了解上课教师、学生的基本情况，又要丰富自己的教育教学理论。

1.熟悉教材，把握课标

教材和课标是课堂教学的基础，任何课堂教学都要紧紧围绕教学和课标，所以要想提高听课、观课的效果，必须认真研读教材和课标，全面掌握教学内容。一是认真研读教材内容，多维度理解教材，分别从教师的维度、编者的维度、学生学习的维度来挖掘教材内容。对教学目标、教学内容、教学方法等有深入的了解，理解编者设计的意图，弄清新旧知识的内在联系，熟知教学内容的重难点。这样才能对整个教学过程有全面的把握。二是要吃透课标。课标是一切教学活动的依据，只有吃透课标，才能抓住教学目标，抓准教材训练点，抓准情感目标的渗透点，才能根据目标对教材进行处理、加工、设计，把课讲实、讲活。我们看课标，重点要看教学建议、教学评价，掌握学科的性质及要体现的新理念。特别是教学的三维目标，强调学生在知识、能力、情感、态度和价值观等方面都要有所收获和提高。除此之外，在课程改革的背景下，听课教师还要通过各种途径了解新课程改革对学科教学的要求，了解学科教学改革的最新动态，以全面把握学科教学的特点。只有这样我们才能对听课的内容有更深的理解和把握，取人之长，补己之短。

2. 要了解授课教师和学生

授课教师和学生是影响课堂教学的两个主要因素。不了解授课教师和学生的情况，你就很难理解授课教师教学设计的意图以及课堂上学生出现问题背后的原因，也就不能对这节课有全面、深入的理解。所以在课前准备过程中一定要了解授课教师的背景和学情。一是要了解授课教师的基本情况。在了解授课教师的教龄、文化程度、职称职务、业务水平、教学经历、性格特点等方面的同时，听课、观课教师也要尽可能地去了解教师在课前的准备情况，比如他对于课程标准的理解，对于教学目标的定位及其形成基础，对于本次教学活动环节的设计和安排等。通过分析教师的教学设计，能够解读出隐藏在教师背后、内在的教育观念。二是要了解学情。多了解授课班级学生的特点，能在一定程度上减少听课、观课过程中误判的发生。对教材的熟悉程度和预习状况不同，学生在课堂上的反应显然是不一样的。不同学习能力的学生，在课堂上的接受情况也是有区别的。而来自不同家庭背景、不同区域的学生，其学习习惯也会有差异。因而，听课、观课教师需要事先了解学生现有的学习水平、学习态度和学习能力以及学生对将要学习的知识的准备情况等，以便做到心中有数。

3. 要掌握相应的理论知识

要想在听课、观课过程中，吸收先进经验，提升自己的教育教学水平，就必须要有丰富的教育理论知识作支撑。先进的教育思想是人类长期积累与探索的结晶，它为我们进行教育教学活动提供了可遵循的原理和规则，甚至是技术。因此我们在进行听课、观课之前，有必要了解一些相关的教育理念，这不仅可以帮助我们客观地把握和评价授课教师的授课过程，更可以提高自身的教学素养。教育理论知识一般包括三个方面：一是要掌握教育学、心理学原理。教育学、心理学原理是教育教学活动的基础和原则，只有掌握相应的理论知识，才能指导自己的教学工作科学规范。二是要掌握教育方法和技术。教育方法和技术是在教育理论基础上，开展教学活动的具体方法。只有掌握相应的教育方法和技巧，才能使自己的教育教学水平有所提升。三是要掌握课改的前沿动态，也就是最新的教育理念和方法。

4. 要进行教学预设

这一环节往往被大多数听课、观课教师所忽略，以为既然是听课、观课，当然是要看别人怎么上这节课，又何必进行预设呢，这不是自讨苦吃吗？而我们却认为这恰恰是有效听课、观课的重要组成部分。通过课前预设，听课教师可以初步形成自己的教学预案，粗线条地勾勒出大体的教学框架。这样，在听课、观课时再把自己的预设与授课教师的授课环节安排、重难点的突破等进行比较，从课堂上生成的东西中去寻找自己的灵感，孰优孰劣，一目了然，取长补短，就能达到事半功倍的效果。教学预设可以是一个完整的教学设计，也可以是对课堂教学关键问题的思考，例如，我来上这堂课，我该怎样设计教案？我会如何处理教学上的重难点？我将怎样与学生互动并关注学生的学习动态？预计会取得怎样的课堂效果？如果我们都带着自己的思想、认识、教学设计去听课、观课，那么就会得到更深的启发。

（三）行动上的准备

缺乏提前的沟通和协商是听课、观课活动效率低下的原因之一。课前应针对听课、观课过程中涉及到的问题，与授课教师和学生进行充分的沟通，达成充分理解和信任，形成共同的听课、观课主题，以引导听课、观课方向，使听课、观课活动更加深入和深刻。

1. 与授课教师进行沟通

听课、观课不仅是为了进行课堂教学展示，更重要的是以此为平台来研究和解决教学实践中存在的问题，为了取得更好的听课、观课效果，在听课、观课之前，应与授课教师进行充分的沟通。一是针对教学中的困难和问题，确定听课、观课的主题。观课的主题应是听课教师和授课教师共同协商的，是大家共同感兴趣并可以参与的。观课主题确定后，还要对主题进行分解，使授课主题分解为几个具有操作性的听课、观课任务，一般涉及教材研究和分析、教学活动观察、教学效果观察三个方面。听课、观课教师要根据听课、观课任务，做好事先的准备工作。二是让授课教师说明授课思路。这与平常意义的说课不太一样。平常的说课需要对课堂教学的各个方面进行说明，而且需要论证。说明自己的授课思路不需要面面俱到，也不需要进行论证，它只需要让听课教师了解授课的背景、流程、重点活动等即可。首先要介绍教学背景，以增进观课者对课堂情况的了解。其次要介绍本课将要展开的主要的教学活动，提示重点观察的现象和时机。再次要介绍自己不同常规的教学创新，以避免参与者带着约定俗成的观念和想法来观察和研究课堂。

2. 提前进教室与学生沟通

听课、观课的一个基本策略是以学论教，所以听课、观课过程中很重要的一个环节是观察学生的学习状态，这就需要听课教师到学生身边去，以了解学生的学习活动、学习状态和学习效果。为了避免"到学生身边去"给学生带来心理负担，听课教师最好提前进入教室，通过与座位周围的同学寒暄和聊天，了解和关心他们的学习和生活等方式，舒缓学生可能的紧张和压力，同时也可以了解学生的基本情况以及对教学内容相关知识的掌握情况。在建立彼此合作、接纳的相互关系之后，学生在教学活动中就可能以更自然的方式参与学习，听课教师在听课过程中收集的信息也就可能更加真实和有价值。

（四）其他方面的准备

在听课、观课前，听课教师除了熟悉教材与教案，了解师生、班级的情况，与授课教师进行必要的沟通协调外，还要做好物质、礼仪和舆论上的准备。

1. 进行必要的物质准备

进入课堂听课之前，听课教师需要准备好教科书、参考书、听课笔记和笔，并及早填好听课需要记录的基本信息，以便在听课时专心听课。如果听课教师准备使用一些定量方法来观察课堂教学，则一定要根据自己观察的目的准备好相应的量表、计时器等。如果听课教师要将授课的过程的影音资料保留下来，用于课后的进一步观摩和研究，则要准备好录音机、摄像机、照相机等，这些电子器材需要事先进行检查和调试，以免听课过程中不能正常运行，甚至因为出现故障而影响听课效果。

2. 进行礼仪方面的准备

参加听课的教师，要提前做好装束的准备。衣着要整洁大方，庄重得体，其色彩不可过于艳丽，款式不能偏于新奇，化妆也要自然得体，不能浓妆艳抹，以免分散学生和授课教师的注意。观课教师一般要提前进入教室，找好位置坐好，注意不要遮挡学生的视线和影响授课教师的课堂巡视。在听课过程中，听课教师更要注意遵守纪律，尊重教师的劳动。不能交头接耳，影响课堂秩序，抑或中途离开等不礼貌的行为，更不许在课堂接打手机。在听课过程中，如果课堂出现一些问题，听课教师要保持端正的态度，不能进行高声评论，甚至当场指责。要等到授课结束后，与授课教师进行单独的交流。

3.要进行舆论的准备

舆论准备指的是向上课教师表明听课的目的与意图，解除上课教师的紧张心理，避免出现怀疑、误解、不满等消极情绪，妨碍听课活动的开展。突然性的听课，往往会给教师造成紧张和猜测，不能正常发挥水平，听课者也就看不到真实情况了。因此，在听课之前，听课、观课教师要让授课教师明白听课的目的主要是为了了解学生的学习情况和教师的教学情况，发现课堂教学中的成功之处以及教学发展潜力，与教师一起总结经验，提高课堂教学质量，促进教师专业发展，而不是简单的考核评价，从而减轻授课教师的心理负担，高效地完成听课任务。

第三节 听课、观课的内容

听课、观课的内容是关于听什么、观什么的问题，也就是听课、观课的教师具体应该关注些什么问题。当然，听课、观课的内容并非一成不变，听课、观课的内容也会随着课程的开发不断地生成，应该具有生成性。参与听课、观课活动的教师要即时发现问题，对教学中各种随时出现的教育现象、问题进行思考，并根据课堂教学的实际情况对听、观课的内容作出适当调整，有所侧重。只有这样，才能使听课、观课的过程从"静态"转变为"动态"。

听课、观课的内容极为丰富，为了便于实施，在此，我们将听课、观课的内容概括为以下四个方面：学生学习情况、师生互动情况、教师教学情况以及教师所采用的教学方法。

一、学生学习情况

学生学习的情况是听课、观课教师常忽视的一个内容，然而却是整个听课、观课过程中最重要的一个内容。在听课、观课的过程中应主要关注学生原有经验是否被调动，学生是否能够积极参与课堂实践，学生在教学活动中是否有积极的情绪反应以及学生是否能够独立地提出问题并解决问题四个方面。

（一）学生的原有经验是否能够被调动

建构主义者冯·格拉塞斯费尔德指出"知识既不是通过感官也不是通过交流被动接受的，而是由认知主体主动建造起来的"。感知不是对外界信息的简单接受或复制，而是对某些成分的建构，通过建构的方式有机体才能够同化和组织它的经验。教师应当站在学生的立场上进行教学，引导学生进行学习，应该在了解学生已有经验的基础上进行教学。如果教师不考虑学生的现有经验，就不可能出现有效的教学，也不会知道该从何处开始进行镶嵌式教学。教师还应该清楚地认识到在哪些情境下学生容易出现错误或者不完善的推论。在这些情境下，教师就应该更加用心地进行教学。在听课、观课之前观课者可以通过与授课教师的课前交流，了解学生的已有经验以及教师的授课计划、重点和难点，在听课的过程中，听课者才能够做到心中有数。听课过程中，听课者可以通过学生对教师提问的反应了解到授课教师对学生已有经验的把握是否属实，学生的已有经验是否被调动。

（二）学生是否能够积极参与课堂实践

现代教学认识论在揭示教育本质时指出"教学过程就其实质来说，是一种特殊形式的认识过程"，"是教师教学生进行认识的过程"。[1]在教学过程中，教师是教的主体，学生是学的主体，教师领导学生在教学活动中发挥着主观能动性。在听课、

---

[1] 北京师大教育系《教学认识论》编写组著：《教学认识论》，北京燕山出版社 1998 年版，第43、28 页。

观课的过程中，听课者还需要关注学生是否能够在教师的引导下积极参与思考、讨论、争辩以及动手操作。只有学生积极参与的课堂才是好的课堂。

在实践教学中我们还发现一种情况，整堂课看起来"热闹非凡"，学生在教师的引导下似乎一直在思考，在讨论，但是进一步分析学生思考的问题会发现这些问题都是学生原有经验的重复，没有新经验的提升。在听课、观课的过程中听课者应该对这样的课堂加以鉴别。

(三) 学生是否有积极的情绪反应

学生在课堂上积极的情绪反应说明教师的教学行为能够唤起学生的情感共鸣。只有能够使学生产生积极情绪反应的教学行为才是有效的教学行为。在听课、观课的过程中，听课者可以通过学生课堂上的表情、语言、动作等判定学生的情绪状态。当学生处于消极情绪状态时，会表现出对课堂教学内容的漠不关心，无论教师提出什么问题，学生都会消极应对，或者不作出任何反应。反之，如果学生在课堂上处于积极的情绪状态，学生就会与教师有良好的师生互动，学生听课过程中会表现出精神饱满，对教师的提问能够及时、准确地作出反应。

(四) 学生是否能够独立地提出问题并解决问题

课堂上学生能够跟随教师的教学提出问题，并通过教师与学生之间、学生同伴之间的共同研讨解决问题，是反映课堂教学质量的一个重要指标。听课、观课的过程中，听课者应关注每一个提问的同学，因为这些学生在课堂上的提问正反映了他们对教学内容的理解程度。通过对学生提出问题的关注以及学生解决问题方法的关注，听课者可以了解到授课教师的学生观、教育观，从而有利于听课者对整堂课以及授课教师本人作出客观的评定。

二、师生互动情况

"互动"的英文是 interaction，韦氏词典将其解释为：Mutual or reciprocal

action or influence；have the same feelings one for the other。作为一个社会学的概念，互动是指各种因素之间的相互影响、相互促进、互为因果的作用关系。我们可以把人际互动简单地理解为两个或两个以上的个体通过语言和非语言进行交往。师生互动是一种特殊的人际互动，其中情感的互动是师生互动的基础。在听课、观课的过程中教师可以分别从教师发起的互动和学生发起的互动来进行观察。

（一）教师发起的互动

在师生互动的相关研究中，美国教育社会学家Leary对课堂中师生互动模型的研究较有代表性。Leary主要是对师生互动中谁在控制对话的内容和方式进行了相关研究。根据课堂观察的结果和自己设定的QTI(Questionnaire on Teacher Interaction)量表，Leary将教师的课堂互动模型分为八种类型，其中领导型、放任型、合作型以及压抑型的互动方式最具代表性。

1. 领导型互动行为

教师发起的互动行为以领导型为主时，教师主要作出以下行为：明确情境、领导组织、布置任务、确定步骤、建立课堂结构、解释说明和专注学生的注意力。

2. 放任型互动行为

教师发起的互动行为以放任型为主时，教师主要作出以下行为：给予学生充分的独立性和自主完成学习任务的权利、表现出一定的被动性、对于学生的违纪行为置之不理。

3. 合作型互动行为

教师发起的互动行为以合作型为主时，教师主要作出以下行为：认真聆听、理解并与学生产生共鸣、对学生因材施教、有耐心、开朗、善于激发学生的学习动机、信任学生并容易得到学生的信任、与学生合作研讨问题。

4. 压抑型互动行为

教师发起的互动行为以压抑型为主时，教师主要作出以下行为：易怒、对学生严格要求、纠正并批评学生、惩罚学生、要求学生绝对服从。

在实际教学中，教师发起的师生互动行为可能会更多地介于以上四种类型之间，听课者不能简单地对授课教师的互动行为进行归类。

(二) 学生发起的互动

与教师发起的师生互动行为对应，我们将学生发起的师生互动行为也分为四个主要的类型。

1. 服从型互动行为

学生发起的互动行为以服从型为主时，学生主要作出以下行为：听从教师的引导、跟随教师的讲解记笔记、按照教师的要求完成课堂练习。

2. 合作研讨型互动行为

学生发起的互动行为以合作研讨型为主时，学生主要作出以下行为：以小组形式进行研讨、发起讨论并进行口头陈述、合作学习、积极主动。

3. 支持型互动行为

学生发起的互动行为以支持型为主时，学生主要作出以下行为：主动回答教师提出的问题、帮助其他同学、支持教师的行为、协作学习。

4. 消极型互动行为

学生发起的互动行为以消极型为主时，学生主要作出以下行为：低调回答教师、闷闷不乐、看上去不满、抱怨课堂教学或教师、不遵守纪律、改变课堂规则、甚至粗鲁无礼。

在听课、观课的过程中，听课者可能会发现其他的一些学生发起的互动行为，听课者可以实时记录，以便课后交流时对授课教师提出建议。

三、教师教学情况

在听课、观课过程中关注教师的教学情况主要包括关注教师采用了哪些教学方法，遵循了哪些教育规律。

（一）教师常用的教学方法

教学方法是教师和学生为了实现共同的教学目标，完成共同的教学任务，在教学过程中运用的方式与手段的总称。教学方法包括教师教的方法（教授法）和学生学的方法（学习法）两大方面，是教授方法与学习方法的统一。教授法必须依据学习法，否则便会因缺乏针对性和可行性而不能有效地达到预期的目的。但由于教师在教学过程中处于主导地位，所以在教法与学法中，教法处于主导地位。

在中小学中，教师常用的教学方法主要有以下几种：

1.讲授法

讲授法是指教师使用连贯的语言向学生传授系统的科学文化知识，提高学生的思想认识，发展其智力和能力的教学方法。讲授法能在较短的时间里给学生传授大量的、系统的科学文化知识。通过讲授法教师还能够对学生进行思想品德教育，培养和发展学生的智力及能力。

2.谈话法

谈话法也称问答法。它是教师根据一定的教学目的、任务和内容，向学生提出问题，要求学生回答，在（教师）问与（学生）答的过程中引导学生获得新知识或巩固所学知识的方法。谈话法有助于教师了解学生的学习情况，便于教师对教学进行调控，做到因材施教，也有助于师生之间的情感交融，建立一种师生交往、积极互动、共同提高和发展的师生关系。

3.讨论法

讨论法是指根据教学的要求，学生在教师指导下，围绕某些问题各抒己见，展开辩论，辨明是非真伪，以此提高认识或弄清问题的方法。采用讨论法有助于培养学生的思维能力、研究能力和语言表达能力，同时还能有效地培养学生的组织管理能力。

4.读书指导法

读书指导法是指在教学过程中,教师教给学生阅读的方法,指导学生阅读的过程,以此使学生掌握知识、发展智力的方法。运用读书指导法应该注意以下问题:首先教师要培养学生阅读的兴趣和爱好,使学生喜欢读书;其次教师要教给学生科学的阅读方法。

5.练习法

练习法是指教师根据教学的要求,给学生布置一定的作业,然后,学生在教师的指导下,通过课内和课外完成作业的方式让学生运用所学的知识反复完成一定的操作,以巩固知识、形成技能和技巧的方法。运用练习法应注意三个方面的问题:首先,教师应当明确练习的目的、任务,提高学生练习的自觉性;其次,教师应该科学合理地组织学生练习;最后,教师还应及时监控学生练习的过程,并做好练习后的总结工作。

6.实验法

实验法是在教师的指导下学生运用一定的仪器设备进行独立作业,观察事物和过程的发生,探求事物的规律,以获得知识和技能的方法。根据实验内容的不同,实验法可分为三种类型:感知性实验,验证性实验,复习性实验。

7.演示法

演示法是指教师配合讲授和谈话,通过向学生展示实物、直观教具,做示范性实验或采用现代化教学手段的方式,使学生获得知识的方法。

8.参观法

参观法是指根据教学的任务,并紧密配合教学,教师组织学生到校外的一定场所进行直接观察、调查和研究,以此获得知识、锻炼能力的方法。根据参观的性质不同,参观法可分为:感知性参观,并行性参观,验证性参观。

教学方法是随着社会历史的发展而变化发展的。教学方法同时也受教育目的、教学内容、学生认识规律以及教学理论等多种因素的制约。教师必须随着教学目标、教学内容、教学手段、教师、学生等因素的发展变化而选择适宜的教学方法。

(二) 教师教学中可遵循的教学原则

教学原则是人们根据一定的教学目的任务、遵循教学过程的规律而提出的教学工作必须遵循的基本要求和指导原理。在实际教学中,教师应遵循的教学原则主要有以下几点:

1．科学性与思想性相结合的原则

该原则是指教学既要有严密的科学性,又要有高度的思想性,把二者有机地结合起来。科学性是指教给学生的知识必须是正确反映客观世界发展规律的科学知识,而且教学方法、教学组织形式也应该是科学的。思想性是指教学要坚持正确的政治方向,结合有关教学内容及有关教学活动对学生进行辩证唯物主义世界观和道德品质教育。在科学性与思想性中前者是后者的基础。

2．理论联系实际的原则

该原则是指教学要以学习基础知识为主导,密切联系实际,以丰富学生的感性认识,促进学生对知识的理解,注意运用知识去分析问题和解决问题,达到学以致用。就学生的认识特点来看,它是一种以掌握间接经验为主的活动。学生的主要任务是学习和掌握间接经验,提高认识,指导将来的实践。掌握、积累知识需要以一定的感性认识和已有发展水平为基础。因此,教学就必须理论联系实际。这样才能解决好教学中的直接经验与间接经验、感性认识与理性认识、讲与学、学与用的关系,促进学生对间接经验的理解与运用。

3．直观性原则

该原则是指在教学中通过实物、直观教具、现代化教学技术手段等,充分利用学生的各种感官，丰富学生的感性认识，为学生正确地理解书本知识和发展认识能力创造条件。直观教学的手段有实物（包括实物和标本）、模型（包括模型、图表、幻灯、电视电影等现代化教学技术）、形象化语言等。

4. 启发性原则

该原则是指教师在教学过程中要善于启发诱导，充分调动学生的自觉性和积极性，引导学生独立思考，积极探索，融会贯通地掌握知识并提高分析问题和解决问题的能力。

5. 循序渐进原则

该原则又称系统性原则，是指教学要按照学科的逻辑系统和学生认识发展的顺序进行，使学生掌握系统的基础知识、基本技能，形成严密的逻辑思维能力。

6. 巩固性原则

该原则是指教学要引导学生在理解的基础上牢固地掌握所学的知识和技能，把掌握的知识和技能持久地保持在记忆里，并能根据需要准确而及时地再现和运用。

7. 统一要求与因材施教相结合原则

该原则是指教学要面向全体学生，使其达到教育目的和教学计划所规定的统一要求，得到全面发展；又要考虑个别差异，从学生实际出发，使每个学生都能在原有的基础上得到发展，并使他们的个性和才能都得到发挥。

8. 教学与科研相结合的原则

该原则是指在教学过程中，教学与科研是相互联系、相互促进的。教师的教不是简单、重复地传授知识，而要进行科学研究，把研究的成果应用到教学中去提高教学质量。同时，学生的学除了吸收、掌握知识外，还要参加科学研究，培养自己获取和创造知识的能力，并把掌握的科学知识运用到社会实践中去。

9. 教学民主原则

该原则是指在教学过程中，教师要热爱、尊重学生，并善于向学生学习，调动其学习的积极性；学生要尊重、服从教师，乐于当学习的主人。从而建立起平等、民主、友好、合作的新型师生关系。同时，学生之间也应互相尊重，互相学习和帮助。

第四节 听课、观课的方法

听课、观课的方法有很多，但不管如何变化都离不开一整堂课的内容，首先是如何听教学内容，所以我们可以从总体上进行评价，如看一堂课的内容是否按照课程标准的要求去做的、教学的目标是否达成等，也可以从某一个方面进行评价，如导入的设置、知识的衔接、重难点的探究等。再就是看主体，不管教学如何变化，必然出现的就是老师和学生，也可以从这个方面入手去进行评价。我们可以采用听、观、记、想、谈、写六字法来听课、观课。

一、听

(一) 首先是听上一节知识的巩固复习

知识点覆盖是否全面，重难点再强调的过程有没有。

(二) 听导入新课是否合理

良好的开端是成功的一半，在导入新课环节时，根据学生的年龄特征和心理特点，把知识发生的背景，置于一幕幕使学生喜爱、令学生惊奇的情景之中，从而先声夺人，引发学生浓厚的学习兴趣，促使他们产生强烈的探究愿望，让课堂教学更加精彩。导入的方式方法有很多，如温故导入法、衔接导入法、布障导入法、直接导入法、间接导入法、情境导入法、悬念导入法等。听导入的效果是否调动了学生学习和思考的积极性，有"百花竞放，百家争鸣"的局面。导课设置得好，对于整堂课的影响也是非常深远的，有时会影响到学生一个阶段的行为，因为导课的时候，是刚上课的时候，也是学生注意力最集中的时候。

比如在讲《多变的商品的价格》这节课时，授课教师突然想到了"商品有价，情谊无价"这句话,就想是不是可以深化一下对学生情感、态度、价值观的教育呢,于是就开始思考如何在课堂上让学生懂得反思,懂得感恩。深思熟虑过后,上课的时候就从探望同事家的小孩开始引入,老师说,一个孩子从两尺左右长到现在这么大,回首一想,好像恍如昨日,可是就在这看似一瞬间的十几年里,父母付出了多少艰辛? 我们从小到大,都唱着有关妈妈的歌,妈妈、爸爸往往是大家学会的第一个词,而人们往往将无法形容其伟大的事物都比作母亲,比如祖国,可见母爱是非常伟大的,那同学们有没有真正体会到这种伟大呢? 我曾经看过这样一篇文章:有一对母女发生争执,女儿负气离家出走,因为身上没有带钱,所以饥饿难忍,来到了一家馄饨店前停下来,店主看她饿坏了,就让她进屋,给她煮了一碗馄饨,当一碗热气腾腾的馄饨放在她面前的时候,女孩泣不成声,阿姨我们素不相识,你竟然对我这么好,我的亲生妈妈怎么可以那么狠心呢? 老板说,傻孩子,我给你煮了一碗馄饨你就感动成这样,你妈妈为你做了多少顿饭,煮了多少碗馄饨啊? 你是怎么对待妈妈的呢? 所以母爱是平凡的,也正是因为平凡,母爱才更伟大,所以我们要知道感恩,回家帮父母干点力所能及的活,开开心心地回家向父母讲述学校的轶闻趣事,我想这对父母来讲就很欣慰了。除了父母,对老师我们也要感恩,上课要认真听讲,对同学我们也要感恩,记得同学们带给我们的快乐,帮助同学解决困难,这样我们就会收获更多,会感到更幸福! 亲情、友情、爱情,所有真挚的情感都值得我们好好珍惜,因为它们都是无价的,情无价,商品有价,而且价格多变。这就是导课。

当老师讲述那篇文章时有的女生眼睛湿润了,当老师讲完在黑板上写板书的时候,身后响起了雷鸣般的掌声,这种导课既教育了学生,又得到了学生的肯定,一举两得,而且这样情感的撞击,也会加深学生对于知识的印象。

(三) 听过渡的语言

过渡语言在教学环节之间架起了一座通达的桥梁,是原知的延续,新知的起点。巧妙的过渡语是启迪孩子思维的动力之源,对教学进程的发展起着推波助澜的作用,巧妙的过渡语更是教师驾驭教材和课堂能力的具体表现。这种过渡贯串于教学内容之间。要求教者采用环环相扣的提问或递进式的话语,将教学内容中的各个知识点串联起来。这种过渡要求自然连贯,由浅入深,循序渐进。恰当的衔接过渡能将教学内容步步引向深入,使学生对所学内容易于理解接受,体现教学进度的推进,达到既激发学生兴趣,诱发学习欲望,沟通师生间的信息传递,又能促使学生积极思维、产生"跃而获之"的念头,收到事半功倍的效果。[1]下面就以一位语文老师的过渡和对学生回答问题的总结情况,我们来感悟一下过渡语言的重要性。

案例2-1 《错误》教学片段

师:我们来思考一个问题啊,请用诗意的语言描述一下,这首诗蕴含了一个什么故事呢?

生1:讲述了一位女子等待一个男人的故事。

师:概括得非常准确,但是语言太简洁了。"等待"可以说是一个极富感情状态的词语,对不对?那我想请大家用诗意的语言,像诗一般的语言来描述一下。

生2:在一个早春三月,当时柳絮还没有飞,这样一个季节里,有一个走在春风中的江南女子,静静地等待丈夫的归来。她静听着院子外面的脚步声响,怕错过丈夫的归音。

师:好,请坐。我惊诧于刚才这位同学的才华,顷刻间出口成章。语言非常优美,概括得非常准确。说明这位同学预习得很充分。其实鉴赏诗歌,不仅要宏观把握,而且需要微观的推敲。这首诗蕴含了一个什么样的故事呢,就是让大家整体把握一下诗意。接下来我们进行微观推敲。

---

[1] 黄可英.教学环节的巧妙过渡 [EB/OL].http://gxpx.cersp.com/article/browse/136519.jspx.

师：我们来看第一句"那等在季节里的容颜如莲花的开落"。作者用什么花来形容女子的容颜呢？

生：莲花。

师：对，那到底什么样的女人能让我们想起莲花呢？为什么不用桃花、牡丹花或者其他花，有什么用意呢？

生：莲花出淤泥而不染。

师：这让我想起了周敦颐《爱莲说》这样的一句话："出淤泥而不染，濯清涟而不妖。"说明女子品质非常高洁，一个清白的女子，再加上外形的漂亮。你们看荷花一般呈淡粉色或白色，亭亭玉立地站在那里，只有身条轻盈、容貌娇柔的女性才能配得上称为莲花。第一个是外形美，第二个是内在美。但是给我们的感觉都是一种静态美。那我们想一下，这个女子的举止表情美不美？

生：美。

师：我们有诗为证。徐志摩有一首诗叫《沙扬娜拉》，里面是怎么说的，"最是那一低头的温柔，恰似一朵水莲花不胜凉风的娇羞。"看那水莲花在凉风的爱抚之下，羞涩地低下了头。我们可以看出江南女子的羞涩和矜持。所以我们总结一下，这样一个女子是一个外形美丽，内心美丽，还有风韵的一位女子，对不对？

师：如果我们把这位女子比作桃花呢？又有什么感觉？

生：太妖艳了。

师：对，太妖艳，太奔放，太轻薄了，很庸俗。如果比作牡丹花呢？

生：太富贵了。

师：百花之王，太富贵了，富贵逼人，让人觉得不可接近，对不对？而这样一个江南女子，更让我们产生一种怜爱之情。

师：好，我们再看这一句"那等在季节里的容颜如莲花的开落"，为什么把女子的容颜比作莲花的开落呢？这个"容颜"和莲花的一开一落又有什么联系呢？我提示大家一下，诗经中有这样一句话："桑之未落，其叶沃若；桑之落矣，其黄而陨。"那么当桑树的叶子还没有落的时候，叶子非常润泽肥美，当叶子落了之后呢，就变黄了。就形容女子从青春到衰老的一个变化的过程。那我们再看看这句容颜和莲花的一开一落有什么区别？哪位同学说一下。

生3：莲花在盛开的时候非常美丽，女子的容颜就像莲花开放时一样美丽。

师：那莲花衰落的时候呢？

生3：衰落的时候就像淤泥一样，特别的……

师：不好看了，不耐看了，对不对？这写出了女子的容颜从美丽到憔悴的一个变化的过程。这样一个过程通过哪一个字能体现出来？

生：等。

师：等——由莲花开等到莲花落。所以这个女子等待的时间很长。同学们我们有没有等的经历啊？

生：有。

师：用老师的一句话说，如果我等待一个人的时间很长，我会说可等死我了，对不对？那么我们想象一下我这么内心强大的人，我都觉得等死我了，那你看这样一个柔弱女子呢？她日复一日，月复一月，年复一年，独守空闺，可以说无尽的相思折磨得她容颜憔悴。

师：那我们思考一个问题啊，她丈夫干什么去了？

生：打仗。

师：打仗，打仗可能死在战场上，"可怜无定河边骨，犹是春闺梦里人"。她丈夫不归的原因，还有哪种可能？

生：商人。

师：商人，对。年老色衰被商人遗弃，自古以来商人重业轻别离。还有什么可能呢？还有可能是一个当官的人，去实现自己的政治理想。还有没有其他可能？

生：诗人。

师：诗人？他还可能是一个负心郎、薄情汉那，你们为什么没有想到呢。有句诗叫"花红易衰似郎意，水流无限似侬愁"。你对我的情意就像鲜红的山桃花一样，很快就衰败了，花开花落转瞬即逝，而我对你的情意呢，就像奔腾的江水一样，连绵不绝。这种对比就显出差距来了，对不对？

师：那我们再想，在这种状态下，这个女子的内心是一个什么状态？老师画一个心，这里面是什么状态。

生：寂寞、空虚、冷……

师：差不多了，寂寞、空虚、冷。好，同学们我们读完这首诗的时候，我们从中看到"愁"字了吗？

生：没有

师：看到"痛"字了吗？

生：没有

师：但是我们能不能感觉到？

生：能。

本堂课，教师的过渡语言，自然流畅，深入浅出，极大地调动了学生参与的积极性，激发了学生分析解读这首诗的兴趣。在每一个学生回答问题后，教师都有一个针对学生回答的总结，使学生对这一问题有一个更深层次的认识，这在教学过程中是非常宝贵的，对教师的专业知识的广度和深度提出了更高要求。所以在听课的时候，听教师过渡的语言是看这堂课设计得是否精彩的关键之一。

(四) 听学生自主探究

自主探究教学法就是导引学生自主学习以促使学生进行主动的知识建构的教

学模式。自主学习不是要求每个学生各学各的，是要激发起全体同学的学习兴趣，使每个学生都积极主动地去探索、去学习，并加强合作交流，少走弯路。只要大家积极合作，群策群力，站在学生的角度去理解、分析知识点，可以达到事半功倍的效果。听自主探究这个环节，首先看看探究的问题是否合理恰当，是否符合学生的认知程度，然后看学生的回答是否全面深刻，有没有透过现象看到问题的本质。在探究的过程中，教师是否进行了引导，引导、总结、评价得是否到位，是否更好地调动了大家思考的积极性。

案例2-2 探究课《做好就业和自主创业的准备》教学设计

在讲《经济生活》第二单元的综合探究课《做好就业和自主创业的准备》时，教师就设置了三个环节，第一个环节是结合所学知识，分析当前就业形势；第二个环节是模拟招聘；第三个环节是总结就业必备的素质。这里就摘录两个招聘小组的招聘情况，来看看学生合作探究的情况：

第一组邹瑶、潘丝媛（代表招聘方）：招聘央视主持人（每一位应聘者都要进行30秒的自我介绍，为了环节紧凑，本文中都省略了，直接进入问答环节）。

邹瑶：你认为作为一名主持人应该具备什么样的素质？

程旭：我认为应该按所主持的类型而定。主持新闻就应该认真而严肃，主持晚会就应该冷静而理性，总之作为一名主持人就应该稳健而沉着。

潘丝媛：在主持晚会时你的搭档忘词了怎么办？

程旭：分情况而定。如果情况过于紧急我会接过他的话，即兴发挥，进而引入我的背词范围；如果他尚能应付，我就会配合他即兴发挥。

潘丝媛：这是一首歌词，请你用新闻联播的情绪来读一下。

（程旭朗读略）

邹瑶：如果当你穿着晚礼服优雅地走在台上时，突然摔倒了，你会怎么办？

徐瑞丹：我想谁遇到这种情况都会很难堪，但如果我遇到这样的情况，我会席地而坐，以一种别样的方式主持晚会，毕竟当遇到窘境时顺其自然才好吧。

第二组李奇伟、李云鹏（招聘方）：招聘微软公司营销主管。

李奇伟：你的下属若是人人都不具备足够的能力，你该怎么做？

才诗雅：以我的努力将他们训练出足够的能力。

李奇伟：训练他们，那公司的日常事务怎么办？

才诗雅：能力本就是在日常事务中磨炼而成，我的员工在成长，公司亦在成长。

李云鹏：磨炼的过程中怎么做？成长是过程，可你要知道你每天要做更多的事。

才诗雅：通过我所自信的方法来完成过程，能力不是天生的，但是空谈方法也许无效，我需要英明的领导（你们）和忠实的下属给我实践的机会。

李奇伟：你认为我是在让你创业吗？

才诗雅：任何形式的工作都是一种创业，创不出自己的业，工作也就失去意义，只不过，我所谓的创业是以贵公司的利益为基础和约束罢了。

李云鹏：你一个人怎么保证公司的利益？

才诗雅：以身作则。不能保证每个人，但至少能影响每个人，尽到我的职责足够。

李奇伟：但你要知道，作为未来的营销主管，你若只有责任心是不够的，能力异常重要，现在我要你以最短的时间解决我最初提的问题？

才诗雅：我需要知道当初公司为什么要聘请一批无足够能力的员工，然后对症下药。主要是两个方面：一是公司更新方面——我会尽力一扫尘垢；二是其他原因——更新聘员。

李奇伟：我很满意你的回答，但你要注意微软不可能让你连一个有足够能力的直接下属都找不到，明天你可以来公司，试用期一个月。

招聘的过程大大调动了学生的积极性、主动性和创造性，招聘方问题准备得很专业，应聘方回答得也很巧妙，唇枪舌剑，而在大家身临其境地找工作和招聘的时候，肯定对于就业时候必备的素质有了一个更深入、更切合实际的体会。

二、观

(一) 观教师

包括教师的教态、语言、板书等。教师的状态主要是指教师精神面貌如何，有没有激情，是否亲切自然。教师的语言，主要是听听语言是否优美和清晰，逻辑是否严密，有没有废话，有没有一句话翻来覆去地说的情况，语言表达是否清晰明了。教师的板书，首先是看字是否工整优美，其次是看板书设计的结构是否合理清晰。还有就是看教师的课堂调控能力，一个是对于回答问题的学生的点评是否到位，另一个是对于溜号的学生有没有及时发现，并且及时地提醒。下面是一位老师的教学片段我们来体会一下。

案例2-3 《论语》的读法

师：同学们好，请坐。刚才我们已经读了论语十则，我们在初中已经学过《论语》了，《论语》所包含的精神可以说是博大精深。孔子的思想最生动地体现在这本书里。实际上对于《论语》的重要性不仅是我们中国人认识到了，我们来看一个消息。（幻灯片展示，老师朗读）1988年，法国《堪培拉日报》刊登了75位诺贝尔奖获得者发出的联名倡议：如果人类要在21世纪生存下去，必须要回到2500年前，从中国孔子那里寻找智慧！读完这个消息之后你们有没有什么想法？

生1：骄傲。

师：既然你骄傲，那我们前两天刚讲完《侍坐》，请你给外国人讲一讲，人类要想在21世纪生存下去，孔子能给他哪些智慧？

生1：像孔子对他弟子说的那样，处事不要太要强，要……

师：要怎么样呢？你也说不出来，好请坐。你现在有的只有骄傲。其他同学有没有比他更多的想法，说说《论语》里面都有哪些让人类生存下来的智慧？

生2：有仁、义、礼、智、信。

师：好，具体一点。

生2：治国以智慧，一心为民，为人民服务，以为天下人服务为己任。

师：以天下为己任，是不是这个意思。好，请坐。

生3：从《论语》这本书孔子的言行里可以学到修身、交友、治国之道，这是21世纪人类生存下去的智慧，是人类必须要学会的东西。

师：好，请坐。咱们同学说的这些都抛开了"21世纪"，你说的都是你对《论语》表面的认识，现在老师简单说一下，他为什么说21世纪人类可能生存不下去呢？我分析了两点原因，第一点就是现在的甲流，21世纪有了甲流，什么原因？环境，人类与微生物之间的环境失衡了，是不是这样。第二种，需要人类用智慧来解决的人类灭亡的原因是什么？阿富汗那里有战争，是不是这样的，那么现在我们说的都没有涉及到21世纪人类的生存问题，说的都是很表面的。大家现在所学的《论语》，我们做一个对比，在这有两条标语（幻灯片展示 老师朗读）："当人类和地球不再呻吟的时候，我愿意流尽我所有的血和泪，化作一条和平的小溪，永远安详地流淌。"这是在企盼和平。"环境与人类共存，开发与保护同步。"这个涉及到环保。刚才同学们说的没有一个涉及到这两个问题。刚才同学说的智慧和这两条标语比的话，谁更直接？

生：（齐答）标语。

师：对，那这就可能有一种让我们感到悲哀的境地，当外国人真正研究懂了孔子的智慧的时候，我们却只能骄傲，像阿Q那样说"我先前比你阔多了，孔子是我家的"，是不是这意思？现在老师要说，我认为，孔子和《论语》的现状是什么，第一，《论语》被标语化（幻灯片显示），这个标语化老师解释一下，刚才我们读的十则里有一条"己所不欲，勿施于人"，你们在说"己所不欲，勿施于人"的时候是在什么语境下？一般是这样的语境，比如老师留作业留多了，敢说的同学就说"己所不欲，勿施于人"，是不是？想让老师留少一点，是不是？一般是你们要求别人的时候这么说。但是，刚才我们读完了，在《论语》里这句话是不是用来要求别人的？

（生：不是）是要求谁的？（生：要求自己的）要求自己的。《论语》里的话是要求自己的，而我们都拿来做标语去要求别人，它真正的内涵已经没有了，是不是这个意思啊？（生认同）现在我们再来看，提到《论语》你们能想到的最热的一个人是谁？

生：（齐答）于丹。

师：对，于丹。我现在要说的是孔子被奴役着。（幻灯片显示）这学期一开学我就买了几本书作为奖品奖给考得好的同学，我当时买书时我想买九本《论语》，但是我到最大的新华书店一看，这么厚一摞都是于丹的解读《论语》，我不想买她的，页数很多，字数很少，字间距很大，标价也很高。然后我就去找翻译得很简洁又准确的《论语》，最后我就找到了发给同学的那四本，我在新华书店找的一共就这些。那么老师为什么说《论语》被奴役，老师认为《论语》现在就是被于丹奴役。我觉得她奴役《论语》是把人生的大智慧大境界变成了小聪明。我读她的书非常少，但网上流行关于她的书很多，也叫解毒，这个"毒"，（板书，毒）解于丹的毒，于丹的《解读论语》中，如果你把其中汤姆和杰瑞的故事全部拿掉的话，你会发现她没有什么实质性的东西。如果你愿意看这类的小寓言故事的话，我给你推荐一本书，是我像你们这么大时比较流行的叫《虚掩的门》，那里面全是小寓言故事，她非得把这些小故事挂靠在孔子名下拿出来卖钱。这让我很不高兴，于是乎我在这里大放厥词。

我希望大家能够清楚这一点。那么为什么我们会是这样,于丹这样地奴役着孔子,我们还要花钱买她的书呢?下面这两句话就是我们看于丹的《解读论语》的表现,自己都没看过,于丹说什么我们就信什么,因为你自己都没看过完整的《论语》,现在我发的这四本《论语》,大家有谁看完了一遍?举手我看看,(举手的人只有一个,大家不约而同不好意思地笑了)好,×××同学你看了,看完没?

生:没有

(大家仍然笑)

师:没有!我希望这堂课之后,你们能看。然后,我们想想《论语》里都是像于丹那样的小智慧,那是不可能的,那我们看看冯友兰先生在《中国哲学简史》中曾高度评价过孔子(幻灯片展示,老师朗读并解读),孔子是中国第一位私人教师,大思想家,教师出身,跟我一样,那我也有机会啊。(这样的自嘲惹来学生的笑声,气氛轻松愉快)他创立了中国古代第一个私家学派——儒家,他的思想对中国乃至周边地区的文化影响深远。老师在问大家《论语》里面有什么时,就想昭示一个问题,孔子是第一个私人教师,孔子那时候招生吗?孔子那时候打广告吗?如果学不会,下学期免费,报销往返路费,毕业后包分配。(此处引用电视中经常出现的职业培训学校的招生广告语,很幽默,学生笑声四起。)没有吧,孔子没有给他的学生三千弟子、七十二贤人这样物质上的承诺,那有的应该是什么?是物质以外的精神境界。那老师说一下,《论语》里面有什么?往大了说,有治国、平天下的思想。咱们班级门口贴的班训是什么?修身,齐家,治国,平天下。就是儒家思想。往小了说,就是有一种做人的境界,也就是我今天要讲的,坦荡、无忧无惧的境界。老师想起最近网上比较流行的一个帖子,浙江大学的一个教授叫郑强,他说为什么现在的学生和以前的学生相比较,不愿意学习了呢?就是因为这个(指向幻灯片),我们所有的一切都要挂靠到这个社会上,我们所做的一切都是为了适应这个社会。而古代,有一部分人读书不是为了找多好的工作，买多大的楼，而是人的一种境界。我要活到老学到老，不断地提升境界，这是一种主动的学习，而我们现在的学是被动的学，似乎忽略了人应该有一种让人快乐的境界。那么这节课我们就是要研究一个问题——《论语》的读法，也就是一堂《论语》导读课。现在我们来说一下，《论语》你读起来有什么难点？×××同学，你读了，你来说说。

（二）观课件

课件（Courseware）是用计算机应用软件制作的文字、声音、图像、视频剪辑等多媒体手段，用大屏幕投影方式辅助各科教学的现代化程序性教具。课件的制作过程，就是教师把自己对于教学的想法，包括教学目的、内容、实现教学活动的教学策略、教学的顺序、控制方法等，用计算机程序进行描述，并输入计算机，经过调试成为可以运行的程序。看课件制作是否清晰、美观。是不是更好地提供了教学的辅助功能，使抽象的知识点具体化，便于学生理解和记忆，是不是提高了课堂的效率。

（三）观学生

看学生的精神状态，看学生参与教学活动的机会和表现；看学生的注意力是否集中，有没有溜号的学生；看学生的思维是否活跃；看学生思考问题的情况，思考的时间够不够，在教师的引导下学生的回答问题情况，看学生活动的时间是否合理；看各类学生特别是学习困难的学生的积极性是否调动起来；看学生与老师的情感是否交融；看学生分析问题、解决问题的能力如何等。

三、记

就是记录听课时听到的、看到的、想到的主要内容。一是记听课的日期、节次、班级、学科、执教者、课题、课型；二是记教学的主要过程，包括主要的板书要点；三是记本节课在教学思想、德育渗透、教学内容处理、教学方法改革等方面值得思考的要点；四是记学生在课上的活动情况；五是记对这堂课的简要分析，讲课中符合教学规律的好的做法或存在不足的问题可作较详细记载，并加批注。

四、想

(一) 想这堂课是什么课型

现在的课型，如果以教学任务作为课的分类基点，课可划分为新授课、练习课、复习课、讲评课、实验课等，统称单一课。如果以课的教学组织形式和教学方法作为分类基点，课可划分为讲授课、讨论课、自学辅导课、练习课、实践或实习课、参观或见习课等。还有为了适应新课改的要求，又创新了几种新的课型，其中解疑存疑、自悟互教、讨论合作型课堂的导创优势最为明显。对于新出现的这几种课型，这里就不一一赘述了。通过对课型的研究，有助于教师更好地掌握各种类型课的教学目的、教学结构、教学方法等方面的规律，提高教学设计、实施和评价的能力。所以听课要听清楚是什么课型，然后思考这类型的课应该怎么上。

(二) 想教学目标

想一想这节课的知识目标和情感、态度、价值观是什么，授课老师是怎么落实这些内容的，教学目标是否明确，教学结构是否合理，有些教学内容在结构上并不是根据知识逻辑展开的，在讲授的时候可以进行适当的整合。再看教学的重难点的突破情况，是如何突破的，自己讲的话会怎么突破，比较这堂课的优缺点是什么，想清楚这些是在为"谈"做准备。

五、谈

谈是教学指导和学习交流的最关键的一个环节，是讲究艺术的，目的就是让授课教师能够愉快地、感激地接纳你的建议，同时也根据你的需要和你一起交流教学过程中的问题和经验。交流时要注意态度谦虚，不要不懂装懂。三人行必有我师，在教学上,每个教师,每个人都有闪光点,都有值得我们学习的地方,在交流的时候应该以优点为切入点,然后带出问题一起讨论。听课是学习的良机,更是提高教学水平的催化剂,只要把握好这一学习的环节,我们的教学水平才会有质的飞跃。

六、写

这一点其实是听课方法的一个延伸,确切地说并不是直接属于听课的方法,听完一堂课之后,会有很多的感悟,包括授课的方法、知识的处理、学情的准备等,这些感悟应该马上写下来,否则时间久了,就没有灵感了,也就写不出来了。

第五节 听课、观课的类型

一、检查型听课

(一) 检查型听课的定义

检查型听课就是为了了解教师教育教学工作的总体、过程或某一方面及某个问题的情况而进行的听课活动。上级教育部门对学校督导评估中的听课、检查教学常规落实情况的听课、中考和高考复习调研听课、学校领导听新教师的课、新课程实施情况的调研性听课等都属于检查型听课的范围。检查型听课是上级教育部门和学校领导监督、检查教育教学工作的最普遍的一种听课形式,因而具有突然性、真实性、灵活性的特点。

(二) 检查型听课的要求

首先检查者要明确检查的目的,为什么要检查?是要了解教师执行教学大纲和教学计划的情况,了解教师的教学思想和教学改革情况,了解教师的教学态度、教学能力、身心状态等。甚至可以看到学校后勤工作是否有漏洞,如桌椅是否齐备、无损害等。同时也是为了督促教师的教学工作。其次要熟悉听课的要求,要听的是什么类型的课,需要注意什么问题,应该对相关听课人员进行简单的培训。再次要准备好与听课对象交换意见，检查型听课，检查者和讲课者一般不直接进行交流，但是要做好交流的准备，因为这体现了对教师的尊重，而且教师也需要听课者的指导。最后要进行总结，对听课的情况进行总结，发现问题，解决问题，形成共性的指导意见，把好的经验推广开来。

二、评比型听课

(一) 评比型听课的定义

评比型听课主要是为了对教师做定性评价而进行的听课活动。如评优课、考核课及评优秀学科教师、名教师、特级教师等的听课就属于这个范畴。因而具有筛选性、公正性、比较性的特点。

(二) 评比型听课的要求

首先要求评课者要认真了解和掌握评比的目的、要求和相关规定，对不同的评比课或考核课的目的、标准、要求等是不同的，对听课者也有不同的要求；其次对课的内容要熟悉，要听的是什么课，这节课的课型是什么，主要知识点有哪些，这些情况都要很熟悉，才能听好一堂课。再次要做详细的比较性记录，评比型听课要听很多节课，而且要有名次，所以必须做好比较分析的记录，把每一位教师的优缺点记清楚，在总结说明成绩的时候才会客观清晰。最后要对听课人员进行选择，最好是同一学科或同类学科的教师和专家来做评委，这样才能更好地保障评比的公正性。

三、观摩型听课

(一) 观摩型听课的定义

观摩型听课是为了总结、推广、交流及学习教学经验和方法等而进行的听课活动。包括公开课、示范课、展示课等。因而具有示范性、推广性、学习性的特点。

(二) 观摩型听课的要求

首先要求听课者要端正听课学习的态度。观摩型听课一般是学校组织一些教师集体去一个地方听课，如果听课者没有抱着认真学习的态度，那就事倍功半了。其次要认真仔细地记录有特色、有创新的地方。每个教师都有自己的教学特色，出观摩课的教师更是千挑万选十分优秀的，所以听课教师就要在教学方法、教学设计、学情准备等方面认真听，认真记，认真思考哪些可以应用在自己的教学过程中。再次要与自己的课进行认真比较分析。最后听完课后，要整理听课记录。回到学校后可能还要做经验报告，所以必须认真记录。

四、调研型听课

(一) 调研型听课的定义

调研型听课是为了研究、探讨有关教育教学问题或了解教学改革实验进展情况而进行的听课活动。研讨课、实验课、为调研进行的听课等就属于这个范畴。因而具有目的性、探讨性、选择性、导向性、反复性的特点。

(二) 调研型听课的要求

调研者要做好调研的准备工作，要积极参与到教学过程中，要主动和虚心地听取教师的建议和要求，写出调研报告。

第六节 传统听课、观课的误区及反思

听课、观课是教师间最经常、最直接、最有效的交流方式。然而，在我们的听课、观课过程中，也存在着一些这样或那样的误区，致使教师之间的交流大打折扣，下面我们就从几个方面对听课、观课中出现的一些误区进行分析。

一、听课、观课态度的误区

(一) 思想上不够重视

有些缺乏改革精神和教研教改意识的教师，没有充分认识到听课、观课对促进自身专业发展的重要地位和意义，把听课、观课当成一种应付学校检查的任务来完成。以致于出现在听课、观课时马虎应付者有之，做其他事情者有之，只当"记录员"者有之。

反思：

以这样的心态去听课、观课完全失去了听课、观课的效果，达不到听课、观课的目的。听一节课如同读一本好书，"开卷有益"同样适合于听课、观课。

(二) 没有调整好听课、观课的心态

有些教师在听课、观课时以挑剔的目光去寻找教师授课时的小小缺憾。经常在听课、观课后把授课教师贬低得一文不值、体无完肤。

反思：

听课、观课前一定要树立学习经验的心态，抱着学习的态度去听课、观课，因为教师的教学方法的选择本来就没有最好的，只有最合适的。新课程要求教师听课、观课要做到五心，即诚心、虚心、专心、细心、公心。

首先，教师要摆正位置，调整好心态。对上课的老师而言，要抛开功利的目的，精心准备，尽情挥洒，将自己先进的教学理念和教育教学方法应用到教育实践过程中，将自己最闪亮的一面展示在众人的面前。重视上公开课，促进自己刻苦钻研、拼搏进取，要让公开课成为自己求知上进的不竭动力和源泉。就听课、观课者而言，不要妄下断语，不要盲目排斥，不要眼高手低，要虚怀若谷，心存敬意，不可因一技之长而夜郎自大、目中无人。

其次，教师听课、观课时要专心致志，认真做笔记，头脑要随着上课者的思路转动，要及时观察学生的反应，为评课和反思做好准备。

再次，教师要争当运动员，不当光说不做的"裁判员"，那种隔岸观火、唯恐天下不乱的心态是千万要不得的。要争当教育教学活动的参与者、实践者和思想者，要时时思考这样一个问题：如果要我来教，我将怎么办？哪些地方可以改进，怎么改进？还有哪些更好的措施和方法……

二、听课、观课目的的误区

(一) 挑剔性的听课、观课

在平时的听课、观课过程中，我们不难看到，有一部分老师一边听课、观课，一边和身边的同事议论，带着挑剔的眼光对授课老师的一点不足放大，评头论足。听课、观课过程中只找缺点，无视亮点，用自己的长处比对别人的短处，在心理上得到某种自我满足。这种挑剔性的听课、观课，往往收获甚微。[1]

反思：

事实上，听课、观课是一种交流与学习的平台，是相互借鉴、相互促进的过程。听课、观课教师应该带着谦虚学习的态度走进听课、观课课堂，不必过于在意课堂中存在的一点不足，应该更多地去关注课堂中的优点和闪光点，要知道再好的名师，他们的课堂也肯定是有待完善的，正所谓课堂教学没有最好，只有更好。

(二) 模仿型听课、观课

这种听课、观课方式最为"害"人，流毒很深。听课、观课教师具有明确的听课、观课动机——"照搬照抄"。这种速成式的"上课"风格，很能赢得暂时的眼前利益，以"听课、观课"代"备课"，最大限度地"复制"了优秀教师的优质资源，然而后果是什么呢？听课、观课教师不能独立进行教学设计，只能"克隆式"传递知识；不能进行课堂即时点拨，只能解决既定的、准备好的问题；不能独立编制习题，只能借助互联网下载。

反思：

如何才能避免这种情况呢？教师听课、观课的时候，不仅要"听其然"，更要"思

---

[1] 胡燕、樊允浩、李影、赵洁，《近十年来关于听课、评课研究的相关综述》，创新与创业教育，2010 年第 1 卷第 5 期。

其所以然"。一道例题，看似普通，你应该思考的是为什么选这样一道例题？例题讲到什么样的深度最为恰当？如何根据学生实际情况选择习题？

（三）自省型听课、观课

与前两种方式不同的是，采用这种听课、观课模式的听课、观课教师有着正确的动机与目标，将别人的课看作一面"镜子"。在观察别人上课的时候，进行深刻的自我反思，查找自身不足与缺点，这是无可非议的。但是听课、观课教师仅仅停留在"自省"这个阶段，而不与上课教师进行交流，这就做得不够了。

反思：

如何进行交流呢？首先，预约交流时间，课间10分钟过于短暂，不充裕；其次，就你所观察到的课堂"闪光点"、"缺点"及个人建议与上课教师交换意见；最后，耐心倾听上课教师的感受，争取在某一方面达成共识或形成共同的"疑惑"，继续求教于其他有经验的老教师。

（四）评价型听课、观课

这种听课、观课方式以校领导及中层干部居多。其实"学术面前人人平等"，听课、观课活动的最终目的是带动教师的学习热情，促进教师的发展，而不是对教师的教学水平进行等级排列、量化评价。

反思：

如何才能避免此种情况呢？那就是上课教师、听课、观课教师双方均以学习者、研究者的身份进行平等切磋讨论，相互学习，相互促进。

（五）任务性听课、观课

现在好多学校都对教师提出了听课、观课节数的具体要求，学校的本意是想在制度上引导广大教师积极听课、观课交流，通过相互学习、相互交流从而形成良好的校本教研的氛围，促进教师不断成长。但在实际听课、观课中，一部分老师完全是持任务观点，听满学校布置的听课、观课任务就万事大吉，在思想上没有意识到听课、观课是对自己很好的一次促进和提高的过程。匆匆来，匆匆走，心里面记得的可能就是来凑满听课、观课节数的。[1]笔者也发现在听课、观课过程中甚至有教师带点作业或讲义一边批，一边在听课、观课，笔记本上草草地记两笔，课后也缺乏交流与评议。这样的听课、观课，除了浪费听课、观课老师的精力，也是对被听课、观课老师的一种不尊重。

反思：

听课、观课是同行间相互学习和借鉴的一个很好的平台，在听课、观课中，要虚心学习别人的优点，内心深处应该觉得这是值得珍惜的学习机会，切不可持任务观点，走过场，这样的心态对自己的专业成长会产生很大的害处。

三、听课、观课身份的误区

以专家的身份而听课、观课。听课、观课的目的是相互交流，相互学习，共同进步。我们大多数教师还远没有达到专家的水平。所以，我们没必要，也绝不可以"专家"自居。并且，这种"专家"意识会拉远我们与授课教师之间的距离，容易使我们的听课、观课目的偏离，以至把自己的一些不太成熟的东西当作"权威"强加给他人，从而失却了听课、观课交流的意义。

反思：

那我们应该是以什么角色进入听课、观课呢？我想，我们听课、观课教师应身兼三种角色进行听课、观课：

第一种身份是"学生"，以学生的身份去深入感受课堂教学效果，这是判断一堂公开课好与劣的最基本、也是最准确有效的途径；

第二种身份是"教师"，以教师的身份、思想去评判一节公开课的得与失，从正、

---

[1] 刘其平、王林青，《听课笔记勿记流水账》，教师关注，2006 年第 6 期。

反两个方面吸收营养,实现相互学习与交流的目的;

第三,可以以"专家"的身份进行分析,目的是尽量发现授课教师的不足,起到一种帮助与指点的作用。这样,只有"三位一体",才能取得较好的听课、观课效果。

四、听课、观课过程的误区

(一) 听课、观课缺乏计划

学校的公开课、评比课、观摩课为教师互相学习提供了机会,有利于教师互相学习,共同提高。但一部分老师在听课、观课前,不清楚听课、观课内容,也没有主动去研究教材和教学内容,导致自己像个学生一样走进课堂,这样的听课、观课缺乏教与听两者间在教学思路、教学方法上的碰撞,从而让听课、观课教师处于被动吸收而不是主动参与状态,使得听课、观课的效率和收获大打折扣。

反思:

事实上,听课、观课之前的准备工作是十分必要的。听课、观课之前要先熟悉对方所讲的内容,然后设计自己的教法和思路,听课、观课时带着想法进教室,才能在"他教"与"我教"之间构建对比的态势,有利于在听课、观课中找出异同。发现别人的长处的同时,也就清楚了自己的不足,这样的听课、观课才可能取到"真经"。

(二) 听课、观课前不做任何听课、观课准备

有些教师认为听课、观课只要带着耳朵进教室就行了,事先不做任何必要的听课、观课准备。

反思:

如果听课、观课不做准备,匆匆忙忙走进教室,糊里糊涂地听,不理解授课老师的教学意图,不熟悉教材,不熟悉新课程对课堂教学的要求,就不会有较大的收获。新课程要求教师在听课、观课前做好学识准备、心理准备、情况准备和物质准备。

(三) 为评课而听课、观课

听课、观课之后,必然要评课。因而对于一堂公开课,会出现为评课而听课、观

课的现象，并且这是一种相当普遍的现象。这既有听课、观课目的误区的因素，也有听课、观课身份定位不准的原因。为听课、观课而听课、观课会令我们的听课、观课活动停留于一种较肤浅的层面上，从而忽视了公开课的教学效果，也令我们的学习与交流大打折扣。

反思：

所以，作为一名听课、观课老师，应以一种"特殊"的身份深入到课堂学习之中，即以学生、教师、专家三重身份，充分去体验、分析、"考查"其教学效果，这样才能令我们的听课、观课真正深刻而有效。

（四）只关注教师的表现

几年前，日本大阪教育考察团来某市访问听课、观课。听完课后，随团的一位日本教授提出了一个令人吃惊的问题：中国教师听课、观课时视线集中在组织活动的教师身上——关注着教师的一招一式。而日本教师视线的焦点瞄准在学生的活动，看学生做什么，怎么做。

反思：

只关注教师的课堂表现，确实是我们听课、观课、评课存在的一个误区。我们许多教师在评课时常说：××教师上课上得好，教师的表情丰富，教师的教态自然，教师的语言流畅，教师的基本功不错等。

我们评课应该更多地关注学生，关注学生的发展，关注学生做什么、怎么做，关注学生身心投入程度如何，关注学生学得是否愉快。因为教育的目的是促进学生的发展，而不是"表现"教师的风采。如果教师的"表现"很好，但不能很好地为学生提供活动的机会，不能更好地促进学生的发展，那么，这种"表现"是没有实际意义的。

我们知道，学生是教学活动的主体，他们是否真正进入了有效的学习状态，是否能真正地互相传递有用的信息，学生与老师是否能真正进行有价值的交流沟通，学生中间新生成的很有价值的东西能不能通过教师的折射再返回到学生中去，引起新一轮的碰撞，激发出新的思维火花，不同层次的学生在学习中有什么不同的表现，这一切，应该是我们关注的重点，应该是我们思考问题，分析、讨论问题的基础。

我们去听课、观课，目标一定要明确，如果去学习别人的经验，经验就表现在师生的交流之中，如果去共同探讨解决问题，也一定是学生学习中存在的一些疑难问题值得我们共同去探讨，共同去寻找解决的办法。只有研究学生，我们才能打开思路。优秀教师的课堂表现，值得我们学习，它的价值也要从学生身上体现出来，如果眼睛只停留在教师身上，肯定不能收到好的听课、观课效果。

(五) 过分关注现代化教育手段的运用

有些教师认为，好的课必须运用现代化教育于段。甚至有的教师认为，使用了电脑课件的课就是好课。

反思：

电脑只是实现教育目标的一种手段，而不是教育的目标。如果电脑使用的效果还不如传统教育手段，那么，这时的电脑使用是没有必要的。

因此，我们使用现代化教育手段一定要有效率意识。在两种教育手段取得同样效果的情况下，以教师投入时间、精力、财物少的为优。

(六) 过分追求教育"创新"

有些教师很看重教师在教育过程中的创新，即有没有新的教学内容，有没有使用新的教学材料、新的教学方法或新的组织教学形式等。

他们认为，教育活动中只要有"新的"就是好的，没有"新的"就是不好的。受这种观念的影响，教师上公开课时，最头痛的就是找不到"新的"，从而挖空心思去寻找"新的"。

反思：

我们认为，"新的"不一定就是好的。任何学生教育"革新"，如果不能更好地促进学生的发展或者减轻教师的劳动付出，那么，这种"革新"是没有必要的。也就是说，学生教育改革不要仅仅从表面上看有无"新意"，而要看在促进学生发展方面有无实际意义，能否减轻教师的身心负担。

（七）过分在乎课是否超时

一些教师的评课标准中有一条是"是否拖堂。"笔者曾观摩过一次活动，教师用游戏的方式将活动内容串联起来，整个活动显得轻松自然，50分钟下来，听课、观课的教师未感觉到时间已过，然而在评课时，一位颇有名望的教师却说："活动不错，就是时间长了点。"

反思：

一个活动可以让学生感兴趣而忘却时间，那么时间长一点又有什么关系呢？如果下课的时间到了，但学生对正在进行的活动仍然很有兴趣，则说明教师组织的活动很成功，那就没有必要太在意时间的长短。

（八）对教师教学过程关注较多，对教学内容的选择关注较少

听课、观课者对执教者的整个教学过程十分关注，几乎都要全部记录下来。怎样导入，怎样分步骤、定环节，每个步骤、每个环节用多长时间，怎样过渡，提问了哪些问题，做了怎样的练习，板书了哪些重点，布置了哪些作业，都很感兴趣。对那些步骤清晰、结构严谨、善始善终的课特别赞赏。

反思：

执教者向别人展示一节课，追求完美，当然无可厚非。但是圆满的课不一定都是好课。作为听课、观课者，我们一定要有重点。我们首先应该关注的是执教者对教学内容的选择。一篇课文中，最有价值的东西是什么，学生应该从中学习什么，

老师一定要清楚。一定要在课程目标的指引下，根据学段、根据教材编排意图、根据单元重点来选择教学内容。这也是课堂教学成败的关键。如果不看教学对象，不理解教材特点，遇到什么教什么，面面俱到，是难以实现教学目标的。例如，有一次笔者听《那片绿绿的爬山虎》一课，老师将"让学生学习怎样修改作文"作为教学重点，在学生学习了课文前几段后，又自读课后的"阅读链接"，教师提示了修改符号，然后发放了一篇作文让学生修改。课后评课，老师们也没提出什么疑问。通过这一篇课文了解一些修改文章的方法也无不可，但将此作为本文教学重点是不妥当的，在教学环节的安排上也是欠妥的。优秀教师上课，教学内容都是经过精心挑选的，我们听课、观课时，一定要特别关注，并多加思考。

(九) 听课、观课忽略细节要求

有些教师自己上课能够做到为人师表，但听课、观课时却忽略一些细节。比如听课、观课迟到，甚至于进进出出，影响教师的讲课、学生的学习，听课、观课不尊重老师的劳动，不注意场合，随便和他人闲谈乱扯。

反思：

只有注意听课、观课的细节，才能够更好地实现听课、观课的目标。

(十) 听课、观课不能做到跨学科听课、观课

有些教师认为听课、观课就是听与自己同学科的课，而从不跨学科听课、观课。

反思：

跨学科听课、观课是新课程提出的要求。[1]新课程的一个特点就是打破学科界限，注重本学科与其他学科的联系，重视本学科知识解决其他问题的能力的培养。这就要求教师要有较为全面的知识。跨学科听课、观课，无疑是重温或掌握其他学科知识的重要途径之一，跨学科听课、观课，有利于教师教学思维的拓展，丰富教

---

[1] 王文明，《听课的误区及对策》，新课程，2011 年第 4 期。

师的教学方法，使不同的教学内容相互沟通，能从多种角度来审视课堂教学，领悟教学的普遍规律，并从其他学科的教学中获取改进自己所教学科教学的方法。

五、听课、观课结果的误区

（一）听课、观课后不注意交流反思与评课

有些教师听完课后一听了之，不对课堂实况进行回顾反思，不会带着听课、观课过程中的疑问与讲课教师进行交流，不去进一步了解授课教师的设计思路和教学理念。

反思：

通过交流可以更清晰地分析课堂中的成功与失败，更好地借鉴教师的经验和教训。有些教师评课时要么一味地说好话，要么一味地挖苦讽刺，不能按照新课程下的课堂教学评价标准去评课。

（二）为完成任务而听课、观课

在笔者参加的一些听课、观课活动中，发现不少听课、观课教师没有明确的动机与目标，只是遵照学校的要求，"为了听课、观课而听课、观课"，机械地完成学校布置的任务。听课、观课只停留在"听"与"评"的阶段，并不能做到用心地去分析与总结，吸取经验教训，为我们的教学所用。听完评完后，便结束了，不能再深入一步应用于我们的教学实践，结果令我们的听课、观课收效甚微。

反思：

如何才能有效益呢？教师听课、观课前必须有所准备。首先，了解上课教师所讲授的主要内容；其次，认真研读本节课的重点、难点；最后，形成自己对本节课的教学设计。有备而去才会有所收获，有的放矢才会有所得。

（三）过分关注"结果"，而忽视"过程"

评课时，许多教师往往用学生获得知识技能的多少来评价课堂教学的成败。他们很关心，一节课下来，学生学会了多少知识，掌握了多少技能，画得像不像，跳得优美与否，唱得好不好等显性结果，忽略了学生是怎么样学会的，忽视学生学习过程和课后的感受。

反思：

虽然基础知识和基本技能的掌握对学生的发展很重要，但需要特别强调的是，学生在学习过程中的兴趣、情感比知识技能的掌握更重要。因此，我们必须关注学生在学习过程中为之付出了怎样的代价，他们是因此而变得越来越热爱学习还是越来越厌倦学习，是自我学习的能力得到了提高还是越来越依赖教师、懒于思考，是在获得知识的同时体验到自尊自信、相互尊重还是变得自卑、消极、感情冷漠等。这些应该成为评价教师上课成败的最重要标准。如果答案是后者的话，那么可以说，无论学生学到了什么，学到了多少，这节课都不能算是成功的。

(四) 缺乏有效记录的听课、观课

记得一次检查教师的听课、观课笔记，发现有些教师的听课、观课笔记中一节课的记录仅仅限于记录了课题和上课提纲，了了几行，从中看不到授课教师的巧妙安排，看不出师生有效的教学活动。也有些老师的一节课记录有好几页，把师生的每一句话、每一个安排都详细记录，唯独没有一点自己的想法记录。这样的听课、观课笔记明显是缺乏有效性的。

反思：

听课、观课是一种有效的学习，但学习不是蜻蜓点水，也不是照搬照抄，应该结合自己的想法有效取舍，在记录中要根据课堂实际，有针对性和选择性地记录。同时，在记录课堂实录的同时，也要把自己当时的瞬间想法记录在案。在课堂教学结束时，更要将自己的总体感受和一些问题的思考记录在评议栏中，这样的记录才会对自己今后开展类似教学产生指导意义。

（五）听课、观课者主观评价较多，执教者进行课后反思较少

听课、观课后就要议课，互相开诚布公地交流、切磋、探讨，这对我们的共同成长是十分必要的，但大家往往对这一环节不够重视。执教者备课、上课很认真，课后交流却很空乏，设计意图谈得粗枝大叶，缺乏理论支撑，课后反思似作检讨，自我否定；听课、观课者主观评价较多，认为执教者应该这么教，不应该那么教，不作深度分析，或者避重就轻，大唱赞歌，不愿揭示问题，不能形成真正的、有价值的切磋。我们所听的课往往是一些较成熟的教师的课，他们在教学内容的选择上大都是动了脑筋的，在教学过程的设计上是费了一番工夫的，将这些加以整理总结，并上升到理论，对正在成长中的教师是十分有益的。当然，上课也是一种有缺憾的艺术，各人有各人的思路与技巧，我们不必过于追求完美，只要正确选定教学目标，让学生都动起来，真正进入有效的学习状态，我们的课就是好课。对听课、观课者来说要敢于提出自己的想法，自己弄不明白的，应该向执教者询问，多提问题、多听人家解释、少主观评价是最聪明、最有效的议课方式。

反思：

要想真正地令我们的听课、观课变得更有意义，必须要端正目的，摆正身份，深入教学过程，认真进行课后分析总结，并注意在实际的教学中加以运用。做到了这些，我们听课、观课的效果自然会显露出来的。

第七节　听课、观课案例实录与评析

案例2-4　《拿来主义》课堂实录

一、导入

在今天，情人节、圣诞节、母亲节这样的外国节日正悄然走进我们的生活。诸如此类的外国节日有些人完全排斥，有些人崇洋媚外，有些人左右拾遗，对于这些

我们到底应该采取怎样的态度呢？今天我们就来学习鲁迅的《拿来主义》，看看能否从中受到启发，得到要义。

二、分析题目，引入文本

师：拿来主义是鲁迅独创的一个概念，那么看到这样的标题，你会想到哪些问题呢？

生：（思考片刻齐答）拿来什么？什么是拿来主义？从哪拿来？为什么要拿来？

师：我们总结概括一下，这些问题就是议论文的三个环节：是什么？为什么？怎么办？那么如果将拿来主义作为你的一篇作文题目的话，你们将怎样安排这三个问题的顺序呢？

生：我会写为什么拿来，然后写怎样拿来，再写拿来之后有什么后果。

师：好，请坐。你是这样安排的，每种安排都有其存在的合理性，那么鲁迅先生的思路是如何的呢？下面我们共同朗读一遍这篇文章，同时思考，拿来主义的含义是在文章中的哪一段提出来的。领读：中国一向是所谓闭关主义，自己不去，别人也不许来。齐！

（生齐读课文）

师：大家读得非常好。那么读完之后大家思考，拿来主义的含义是在文章中的哪一段提出来的？

生：第一段、第五段。（众说纷纭）

师：有同学说是第五段，的确是在第五段全文第一次出现了拿来主义四个字，但有没有告诉我们拿来主义是什么？

生：（大部分同学认为）没有。

师：再往下找。

（生各抒己见）

师：好，有同学说是第七段，我们一起来看一下第七段："拿来主义就是我们要运用脑髓，放出眼光，自己来拿。"可见在开篇作者没有直接切入对拿来主义的论述，那么第七段之前作者都向我们交代了什么内容呢？我找同学再来读一下文章的第一段，其他学生注意品味鲁迅语言犀利讽刺的风格。

（生朗读课文，很有感情地读出了味道）

师：好，请坐，感情把握得非常到位。我们看一下，第一段中作者提出了和拿来主义相关的两个概念，一个是闭关主义，一个是送去主义，那么这一段的论述中心是哪一个？

（生齐答：送去主义）

师：对，很显然是送去主义，那么，为什么先从闭关主义开始？我找同学把前两句话给大家读一遍。（此处没有必要再让学生起立读一遍，一起看一下或者老师读一遍就可以了，有些冗杂之感）

（生朗读第一段前两句）

师：（写板书：送去主义）闭关主义是我们不去，别人也不许来，我们一直奉守着这样的政策，结果被枪炮打开大门之后，就变成什么都是送去主义了。两者之间什么关系？

生：（齐答）是闭关主义导致的。

师：是闭关主义导致的送去主义，也就是闭关主义是送去主义产生的原因。那么大家再看一下，这一段围绕送去主义，作者主要运用了什么论证手法？（同时写板书：产生原因 送去主义）

生：（思考片刻，一位同学起立回答）举例论证。

师：具体谈一谈。

生：举了中国把古董送到法国去展览，还有几位大师把古画和新画挂到欧洲去，还有要把梅兰芳博士送到前苏联去。

师：好，请坐。作者列举了三件事情，这三件事情在这里显示出来（手指向大屏幕），那么这三件事情是一种什么样的关系呢？

（生思考并自由发言）

师：有同学说是递进，有同学说是并列，那么我们一起来分析一下（引领学生看幻灯片），从他们送的对象来看，先送出去的是什么？

生：（齐答）是古董。

师：再是什么？

生：（齐答）古画和新画。

师：对，古画和新画，已经有新的东西了，最后甚至送人。用鲁迅的话来说就是活人替代了古董，那我们看它们是什么关系？

生：（齐答）递进。

师：也就是说送去主义的表现已经越来越严重，越来越猖獗，已经越来越严重了对不对，那么鲁迅对国人的这些表现，持的是什么样的态度？

（生各抒己见）

师：来，这位同学，你说是反对，为什么，从哪里看出来的？

生：（起立回答）从第一段中作者的感情上看出来的，还有语言上。

师：哪一句语言？

生：但不知后事如何。

师："但不知后事如何"怎么就能看出反对？

生：他先说有一批古董送去巴黎展览，又说但不知后事如何，这句话的意思就是那批古董留在那里了。

师：好，请坐，大家认为他说的对不对？

生：（齐答）不对。

师：再找一位同学说一下。

生：（另一位）我觉得他并不反对送去主义，但他觉得在送去的同时还应该拿来。

师：从哪些词语中你分析出这样的意思？

生：在文章的后面作者说了一句，在送去的同时我们还应该拿来。

师：好，请坐。我问的是就这一段来看，你认为鲁迅对送去主义的表现持什么态度？好，×××同学，你说一下。

生：（另一位）我觉得持反对态度，作者说"活人替代了古董也可以看出是显出了一点进步了"，这句话说的感觉作者很无奈。

师：很无奈的意思，好，请坐，我们再来分析一下鲁迅说的这句话，"活人替代了古董也可以说算得显出一点进步了"，是不是真的进步了？

生：（齐答）不是。

师：鲁迅想表达的想法是与此相反的，那这叫什么修辞？

生：（齐答）反语。

师：对，反语，作用是什么？

生：（齐答）讽刺。

师：还有没有？好，你来回答。

生：还有一些词表现出反对，比如"一向"。

师：好，请坐。还有没有？×××同学，你来回答。

生：还有"几位大师捧着几张古画和新画"，读着不太舒服。（众人笑）

师：为什么读着不舒服，你能做一下这个动作吗？体会一下这个动作表现出了什么?

生:(简单模拟了一下"捧"的动作)感觉很谄媚,要讨好人家。

师:好,你表达得很到位,请坐。讨好、谄媚这样的形象已经淋漓尽致地表现出来了。好,还有没有? ×××同学。

生:这句话里"大师"加了引号,讽刺他们。

师:嗯,讽刺他们,还有吗? ×××同学。

生:还有"发扬国光"也加了引号,讽刺他们。

师:具体谈一谈,怎样讽刺?

(生支吾)

师:我们看这句话跟哪句话有点像。

生:(齐答)活人替代了古董也算是一点进步了。

师:对,这也是一处反语。发扬国光,真的发扬了吗?

生:没有。

师:鲁迅这样说是讽刺了他们不以为耻反以为荣的态度,从这些词语中都可以总结出来。那还有没有呢?

(生沉默)

师:老师提醒一下,看看这句话,"别的且不说吧,单是学艺上的事"这句话。

生:"单是"指一方面,这一方面都这么严重了,别的更加严重。

师:好,请坐,这句话虽然局限了他的论述范围,实际上却论述得更加深刻。那么在这句话中,作者简简单单的几句话,几个修饰语,几个限制语,就把"送去主义"这种谄媚讨好的表现惟妙惟肖地展现在了我们面前。那么从这里我们不仅可以看出鲁迅反对的态度,而且可以感觉得到鲁迅犀利讽刺的语言特点。下面我们再将这一段朗读一下,体味一下鲁迅的语言。

（生齐读第一段）

师：好，那么你能不能对"送去主义"的表现进行一下概括。（板书）

生：（自由回答）不以为耻反以为荣、阿谀奉承。

师：（板书）讨好奉承这些都可以对不对，那么对"送去主义"的这些表现，鲁迅在第二段中提到一个成语是什么？

生：（齐答）礼尚往来。

师：对，礼尚往来什么意思？×××同学。

生：就是有来有往。

师：好，有来有往，中国有句古语是"来而不往非礼也"，那我们这样一味地"送去"就成了有往无来，所以鲁迅针对这种情况说道"拿来"。那么按照常规的思维鲁迅是不是就应该进入到对"拿来"的论述呢？我找同学再来读一下文章的第三段。×××同学。

（生起立，读第三段，幻灯片显示"合作探究"）

师：好，请坐，读得非常不错。这一段大家自己来分析，看一下这一段你能设置哪些问题，提出来之后，我们共同探讨解决。大家可以互相讨论一下。

（生交流讨论）

师：好，讨论到这里，谁来说一下，这一段你都设置了哪些问题？×××同学。

生：（起立）我想这一段跟"拿来"没有什么关系，把它去掉可以吗？

师：好，请坐，这个问题可以换一种问法，就是这一段的作用是什么，对不对？还有问题吗？×××同学。

生：（起立）鲁迅开始说反对"送去主义"，这一段又说"如果只是'送去'也不算什么坏事"，这是怎么回事？

师：好，他认为这一段与前面的观点相矛盾，是不是这样？谁来回答？

生：还有，为什么举尼采的例子？

师：还有吗？

生：还有，"当然如果只是送出也不算什么坏事情，一来见得丰富，二来见得大度"这句话为什么不放在第一句？

师：你认为这句话也可以放在第一句，还有吗？

生："掘起地下的煤来"这个"煤"指什么？

生："子孙在佳节大典之际磕头贺喜"是什么意思？

生：为什么说"或上了天堂，或下了地狱"？

师：归纳起来就是这些问题，现在我们来解决一下，谁能回答这些问题？任何一个问题都可以。还有自问自答的吗？（大家笑，气氛轻松下来）

生：我想回答×××同学的问题，他说"当然如果只是送出也不算什么坏事情，一来见得丰富，二来见得大度"与前文矛盾，其实我觉得这也是用了反语的手法，表达的意思是不能只"送去"，为下文说"拿来"做铺垫。

师：好，还有哪位同学来解决问题？×××同学。

生：我回答为什么用尼采的例子。从课下注释看到尼采主张超人哲学，他的理论跟前文说的"送去主义"很像，用这个例子解释"送去主义"的坏处。

生：我想对刚才的回答做一下补充，用尼采的例子是用了类比的手法，将尼采与当时的中国统治者做类比，来说中国的统治者像发了疯只知道一味地"送去"，是比较抓狂的举动。

师：刚才这位同学的回答里面提到了一个词——类比，这是一种论证手法，什么样的事情才能够进行类比？

生：（齐答）有相似点、有相同点的事物。

师：那么在这一段中是谁和谁进行类比？

生：（齐答）尼采和中国的煤。

师：对，那是为了得出一个什么样的结论？尼采最后的结局是什么？

生：（齐答）尼采最后疯了。

师：那中国一味地送出去结局是什么？好，这个问题咱们回答到这里，还有没有同学解答其他问题？

生：我想回答一下×××同学提出的问题，"当然如果只是送出也不算什么坏事情，一来见得丰富，二来见得大度"用了讽刺的手法，指出了"送去主义"自欺欺人的卖国本质。

师：你说它揭露了事情的本质，还有同学想作答吗？

生：我想回答×××同学的问题，第三段有作用，它讲述了"送去主义"的危害。

师：非常好，什么危害呢（板书），根据刚才大家的提问和回答，我们梳理一下第三段的内容，大家刚才的提问很好，鲁迅为什么在第三段开头说了这样一句话，跟第一段是不是矛盾的呢？我们暂且按照他的思路来分析，先来分析一下尼采，尼采自诩为太阳，它光热无穷，这说明他很丰富，对不对？只是给予不想取得说明他也很大度，可是最后呢，他发了疯，同样地分析一下中国，中国自认为丰不丰富，自以为掘起地下的煤可以供世界几百年之用，可是几百年之后呢？而且中国也一味地送出去，不想拿来，所以中国最后的结果也是什么，找同学把这句话读一下。

生：只好磕头贺喜，讨一点残羹冷炙。

师：你能不能挑出几个关键词具体说一下最后我们会沦为什么身份的人？

生：讨好、磕头、残羹冷炙，像个乞丐。

师：很好，最后我们会沦为乞丐（板书），会亡国灭种，无法屹立于世界民族之林。这就是中国一味送出去所导致的危害，对不对啊？那么由此可以看出，按照鲁迅开篇说的最后却得出了错误的结论，这就叫归谬法，那么他第一句话是不是说错了呢，正像有同学刚才回答的那样，其实他使用了反语。这些残羹冷炙，鲁迅认为是怎么得到的？

生：抛给的。

师：对，不要误认为是抛来的，"抛给"和"抛来"有什么区别？看看哪一个含贬义，哪一个恶意更大？

生：抛给。

师：所以"抛给"指的就是带目的的、恶意的输出，而"抛来"就是把无用的东西抛弃掉。那么"送去主义"鲁迅不赞同，那送来的呢，鲁迅持什么态度？（板书）我们看一下他们都送来了什么？

生：现有英国的鸦片、德国的废枪炮、法国的香粉、美国的电影和日本的印着"完全国货"的各种小东西。

师：好，大家分析一下他们送来的东西到底对我们有哪些实质性的危害？

生：鸦片毒害人的身体，捞走了中国的白银。

师：还有吗？

生：我觉得不论是鸦片还是废枪炮都是骗取中国人的钱财。

师：好，请坐。×××同学。

生：我想谈一下废枪炮，它让我们损失了大量的钱财，而且到真正打仗的时候中国一定会打败的。

师：好，请坐，我们总结一下就是削弱我们的经济和军事力量，对不对？那我们再看看其他的东西呢？法国的香粉、美国的电影和日本的印着"完全国货"的各种小东西，这些东西都是什么样的东西？都是奢侈品，如果我们一味地沉浸在这种生活中就会变得奢靡沉沦。由此我们可以看出来，他给我们送来的这些东西都可以说是百害而无一利的。鲁迅说我们被这些送来的东西吓怕了，我们再来读一遍这一段,玩味一下。

(生齐读)

三、课堂小结

师:作者否定了"送去主义","送来"的他也不赞成,我们就可以顺理成章、水到渠成地得到我们应该"拿来"。(板书)我们再把"拿来主义"的概念读一遍,所以我们要运用脑髓,放出眼光自己来拿。那么到此为止整篇文章的思路也非常清晰了,开课前提到的那三个问题鲁迅是如何安排的呢?先是"为什么",然后是"是什么",前是因,后是果,这叫因果论证。前边也可以称其为"破",后边也可以称其为"立",只有破得彻底,立得才牢靠。这节课我们分析了"送去主义""送来"的危害,得出了要"拿来"的结论,总结了"拿来"的概念,下节课我们具体分析怎样"拿来",这节课就上到这里,下课。

生:老师再见。

师:同学们再见。

这节课是一节青年教师的汇报课,执教老师是一个刚刚工作不到一年的年轻教师。从这个标准来看,本节课还是很成功的。

首先,这节课整体的构课特别好,老师对文本有着全面而深刻的理解,并将自己的理解结合了教学目标,条理清晰地传递给了学生,几个教学目标水到渠成地呈现在课堂上,简明有力。并且课堂提问针对性较强,基本符合课堂提问的科学性和艺术性。

其次,教师的教学基本功过硬,包括教态亲切自然,声音响亮清楚,语速恰到好处,板书工整美观。但是由于是初出茅庐,的确还有许多可以改进之处。比如,教学语言不够严谨,例如,在导入环节教师说:"诸如此类的外国节日有些人完全排斥,有些人崇洋媚外。"这里说"崇洋媚外",用词不当。过外国节日是中外文化交流渗透的表现，国与国之间不能老死不相往来，文化民俗也可以融合，过外国节就是崇洋媚外语意过重。再例如，在分析文本初期，教师说："那么鲁迅先生的思路是如何的呢？下面我们共同朗读一遍这篇文章，同时思考拿来主义的含义是在文章中的哪一段提出来的。"这里用思考也不太妥当，这个问题不是思考得来的，而是通过阅读，筛选主要信息得出的，考查的是学生的筛选提炼主要信息的能力，而不是思考能力，如果这位老师将来能在语言的细节处再精益求精，那么这个课堂语言会更上一层楼。再如，教学设计上还有值得完善之处，例如，"送来的东西有什么危害"应该分析得更具体，容易讲出趣味性和历史性。在历史上，我们的确长时间地接受别国的送来，事实上，我们也的确被这些送来的东西害得很惨，结合中国鸦片战争前后的历史来分析这些，让学生将语文和历史有机结合起来，不仅符合如今学科渗透的先进理念，更重要的是让学生从历史的角度更真实地认识到"送来"的危害，也就更能理解鲁迅先生的"拿来"，更能体会这篇文章的重要价值。

第三章 评课的艺术

第一节 什么是评课

一、评课的定义

（一）评课的历史

评课是对课堂教学的成败及其原因作出切实中肯的分析和评价，包括对教师和学生的学习评价，它是一项具有研究价值的课题。但对于如何有效地评课，大多数教师并没有系统的知识，特别是怎样全面评价一堂课，心里也没有真正把握。科学化的评课对提高课堂教学质量、提升教师教育教学素养、进一步加强和深化新一轮课改有着很强的现实意义。在新课程课堂教学评价的理念上，评价者要与上课教师一样，认真领会新课标精神，作课改的指导者和促进者。但是，在课程改革的课堂评价中，却存在一些误区，没有发挥评课的应有功效。传统评课的误区主要表现在以下几个方面：

1. 传统评课的误区

（1）用老眼光看新课堂

上课者观念变了，努力探索新课标，而评价者的思想观念却没有多大转变，还停留在传统的评价观念上，思想中仍然认定以教师为中心这一观念，这必然给上课者的改革实践带来消极影响。

（2）把教师和学生都看得过高，脱离实际

在评课过程中，评价者过高估计教师和学生的水平，潜意识认为教师的教改课堂应该是十全十美的，学生的理解应该是十分到位的。如果教师在课堂上出了一点差错，就是一堂失败的课；如果学生回答问题不到位，就是教师引导不得力。其实，许多教师都是第一次接触新课标和新教材，即使领悟了课改的精神，但在具体操作中仍会出现把握不够的情况。

（3）只看表面热闹，不重实效

一直以来，气氛热烈的课堂是上课成功的标志之一。只要学生举手了，讲了，讨论了，就是一堂好课，没有了解学习的实际效果。这就成了只看表面、不看效果的形式主义教学。

（4）只重视教师的展示，不重视学生的自主探索

评课时对教师的角色比较看重，认为教师只要自身展示得好，讲得头头是道就是一堂好课。而新课标完全转换了教师的角色，教师的主导作用不仅仅是组织课堂教学，更主要是让学生学会学习，进行自主探究，通过学生自己的感悟深入理解，教师只是以平等的身份参与课堂学习。应当作"导师"，而不是"讲师"。

（5）只重结论，不重过程

只重结论，不重过程，这是传统教育的显著特点。评课者只关心这节课学生掌握了多少知识，而没有重视这些知识是死记得来的还是活学得来的？是听来的还是学来的？新课标所重视的刚好就是学习过程，而不在于学习的结果。

（6）只重视学生自主，不重视教师传授

在新课标强调学生自主、合作、探究、创新学习的前提下，教师非常重视对学生以上精神的培养，却忽视了对知识的传授。评价者在评课过程中只看学生动了多少，抛弃了教师"教"的环节，使得评价不全面。这是从一个极端走向另一个极端。

（7）只重视教学手段，不重视教学实质

毋庸置疑，多媒体为课堂教学提供了良好的条件，它可以增大课堂容量，增强形象直观性，提高学生的学习兴趣，收到意想不到的效果。但是，在评课过程中，却出现了不用多媒体就不是好课，就不能获奖的现象，把教学手段和教学实质的作用弄颠倒了。有的评课者喜新厌旧，对于传统的东西，认为就是过时、落后的同义语。这些导致了在公开课中有的课变成了课件演示课。

2. 评课关注要素

要根据课程改革的基本理念，着重关注构成教学过程的要素，并对其作用进行分析与评价。新课程理念下课堂教学的评价的基本出发点是看这堂课是否有利于促进学生健康和谐地发展。对此，我们认为评课所关注的要素可以概括为下列四个方面：

（1）三维目标体系（知识与技能、过程与方法、情感态度与价值观）是否有机结合

其视点包括教学设计是否把三维目标有机地结合以及教学是否围绕三维目标的实施而进行；能否有效地通过知识与技能这一主要的学习载体为其他两个目标进行有效的渗透；并且是否把握学生学习的具体情况，有效与有序地进行。

（2）学生学习方式是否改变

课堂上学生是否在教师的引导下积极主动地进行学习。学生在学习过程中进行的观察、实验、想象、猜测、推理、讨论、自主探索与合作交流等学习活动（不是说每节课都有这么多的视点），应作为评课的主要视点，特别要点评在学习活动中是否发生了思维的碰撞，学生是否真正理解和掌握基本的知识与技能、思想与方法；同时还要特别点评学生在学习活动中的经验与体验以及与他人合作交流的能力。

（3）教师教学方式是否改变

课堂教学中教师作为组织者、引导者和合作者的角色如何发挥，教师的组织、

概括与归纳得是否有效，课堂民主氛围的创造是否充分等。具体的评价点包括：教师有没有把时间和空间让给学生，是否对学生学习实施有效监控，如何把握学生对知识的理解和掌握的状况，是否有效地对学生学习的反思习惯进行培养。

(4) 课堂教学效果的评价

无论新老课程，在评课中都要有这个标准，如果评课时忽略了这一视点，就会产生误区，好像课改就不需要效果的达成了。但是，课程改变中教学效果的评价不再以知识与技能的达成为唯一标准，也不再是传统的"出几个题目"检测一下就可以解决的。课堂效果的评价应该包括：学生合作交流氛围的浓度、有效参与的密度、自主探究的力度、知识技能掌握的程度。

(二) 其他观点

无论何种形式的评课，起主导作用的都是评课者。这样的评课模式产生了一些弊端：一是缺少由破到立的建设意识。二是容易造成被评课的教师缺乏独立思辨。三是执教者与评课者，往往择取各自感兴趣的内容众说纷纭，很难产生共鸣。在这种背景下，一种新的评课范式——"辩课"应运而生。"辩课"是指教师在备课、上课或者说课的基础上，就某一主题或教学的重点、难点和疑点提出问题，展开辩论，以加深对这些问题的理解，促进上课教师与听课教师共同提高。"辩课"活动中应当注意以下几点：

1. 互动模式下的参与

辩课以互动辩论作为基本呈现方式，互动的前提有两点。一是需要组织者营造"开放、合作、民主、平等、对话、多元"的教研氛围。二是需要参加辩课的教师进入思维发散、彼此坦诚、自由沟通、互补融合的融洽状态。

2. 挖掘具有弹性的"辩点"

"辩点"即辩课主题，是辩课活动的基点。一次辩课可以只有一个"辩点"，也可以设计多个"辩点"。只要具有纵深思辨的价值，都可以作为辩课的主题。

3. 空间和形式应向多元化拓展

除了传统的面对面的现场辩课，辩课还可以依托网络，进行网上的文字辩论；除了结构严谨的主题式辩课，还有随机引发辩论的漫谈式辩课；除了共评一堂课，也可以组织"同课异构"的比照式辩课。

4. 注重活动的过程性和科学性

辩课的研讨价值不仅在于结果的呈现，更重要的在于过程的所得。辩课的过程正是辩课教师不断修正、建构新的理念的过程。辩课过程的科学性体现在注重"辩理"的支撑，自觉地将课堂表象与理论策略相结合，有理有据地交流、沟通、探讨、协商。

(三) 总结出自己的观点

教师评课议课与其备课、说课、上课、听课组成了一个相互联系、相互促进的研究系统，是教师开展教学实践研究最为基本、最为切实的教研方式。科学有效的评课议课能较好地发挥教师丰富教育理论、改善教学实践、提升教学质量、促成专业成长等应有的功能。

教师怎样进行科学、有效的评课议课？笔者认为：一要克服现实评课议课中的各种弊端，努力在提高评议的科学性、针对性和有效性上多动脑；二要善于把握好评议的"视角"，努力在"抓住特色、抓准问题、抓好策略"上多思考。概括而言，就是要力求做到"六忌六要"。

1. 六"忌"

综合各种评课议课的信息，以下六个低效甚至是无效的主要问题是需要避免和克服的：

(1) 忌高谈阔论

这种现象在新课程研究中虽然得到了一定的改变，但在评议活动中仍时有发生，突出反映在一些脱离本学科教学的管理者与组织者的教师中。他们在组织参与评课议课时，爱于"表现"，不是现抄现卖评课前搜集的几条"理论框框"，就是高谈阔论什么"教学理念"，说得大，言得广，讲得远，议得空，这种无视课堂实际和具体案例的"卖弄"，使授课教师不仅不能受益，参与者也得不到应有的针对性启示和实践性帮助。

(2) 忌蜻蜓点水

此类评议往往是有的评议主体就课堂教学观察的大致情形，要么追赶时髦，搬弄名词术语"贴标签"，用所知道的理论去套实际，要么就是围绕整个过程这里点一下，那里说几句，优点说不明，不足抓不准，不痛不痒，深不下去，浅不出来，大有"走过场"之嫌，这样的评议也就失去了它的意义和作用，没有什么真正的价值可言。

(3) 忌吹毛求疵

课堂是一门缺憾的艺术。真实的课堂总会有这样或那样的些许瑕疵，授课教师在整个教学过程中出现的一句不得体的评价，一个不经意的动作，讲了几句废话，说错了一个字，还有某个环节组织得散漫一些，组织学生交流时突发了一段小插曲等细节问题都是课堂教学的常态，只要不影响主题面貌，瑕不掩瑜，无伤大雅，评议时要避免"孔中观人"、"评课议人"的现象，切忌抓住皮毛瑕疵大做文章，这种评议，授课者不但不能接受，也会引起参与者的更多不适，影响民主和谐的对话氛围。

(4) 忌以偏概全

此类评课缺失整体视野，对课堂组织缺乏必要的系统结构分析，不能从课堂的主体思想、行为表现和教学效果上进行科学合理公正的价值判断，其表现要么抓住某一细节、亮点，任意放大，高度赞赏，对课堂中出现的问题避而不谈，做"老好人"；要么就是抓住某一缺失或错误刨根究底，延伸其不足。以偏概全的评课议课忽视了课堂教学的复杂性、多样性，抹去了教学评议的真实性和探求改革的多种可能性。

(5) 忌事无巨细

影响课堂教学的因素很多很多，评课议课中不可能也无法一一叙说，现实中往往存在评议不着边际、不分主次、面面俱到、眉毛胡子一把抓、贪多求细的结果。通常表现出关键抓不住，重点讲不清，问题吃不准，道理讲不透，谈不出其他更好的种种可能。评议是有时限的，这样岂不延误了其他参与者发表各自的见解？

(6) 忌语无伦次

有的观课老师事先就缺乏对评课议课的足够认识，观课思想分散，记录简单草率，议课时丧失观点的提炼、语言的组织和逻辑的表达，随意性大，任意性强，评议条理不清，轻重不分，颠三倒四，让人听了丈二和尚摸不着头脑，不知所云，这是评议者必须要摒弃的。

2.六"要"

针对上述列举的评课议课中的主要弊端，结合教学研究的实践，在此提出教师评课议课中六个主要的做法：

(1) 要做好充分准备

这是有效评课议课的前提，也是评好一堂课的基本保证。主要包括"认真听课"和"听后整理"两个行动准备。课堂教学观察是评课的第一手材料，教师要用多种感官收集课堂信息，用心灵去感悟课堂，用心智去理解教学，努力做到密切联系当前教学实际，认真观察师生行为，仔细聆听课堂声音，积极记录教学内容，及时写好思考点评。观察记录时为确保与授课者教学流程的同步运行，教师要视其课型、内容、课堂结构、组织方式和师生互动的具体情况，做到有所为，有所不为，即重点部分详细记，次要环节简约记，无关紧要省略记。记录时可采取"概述记"与"实录记"结合、"符号记"与"语言记"结合的方式，必要时可借助录音录像等技术支撑。评课议课是听课的感悟、理解、分析与对话，还需要对第一手资料进行系统整理、归纳概括、提炼升华。就此，观课教师要展开课堂实践与教材文本的对话，进一步了解、明确课题内容在所处教材中的地位作用、编写意图及课题背后的潜在意义，这样可避免评议时不游离于教材又基于案例，确保与同伴交流时持正确的看法，扬课中的特色，谈切中的问题，议实践中的可能。

(2) 要注重教学分析

这是评议课堂教学最为基本的观点和立场。科学、正确、切实的教学分析对教学设计、教学过程、教学评价与教学反思都具有明显的实际意义。教学分析的内涵是丰富的，分析的方式也是多样的。

合理、灵活地处理教材内容是尊重教材、用好教材的具体表现。基于此，教师对教材的合理处理必须要在理解教材编写意图、准确定位教学目标、密切联系教学实际的基础上进行综合考虑，不可不加审视不顾现实地照搬照用教材中的素材，也不可盲目地求新变易、随心所欲地处理教材，要在反复琢磨、认真比较中决定是否照用？是否调整？是否变换？例如，一位教师在执教人教版三年级上册"口算乘法"第一课时时，将教材中的"主题图"这一符合学生实际的学习内容调整为"游览上海世博馆"的现实素材。课件依次出示世博场馆图片9张，问：假如每张图片欣赏3秒，你能提出一个用乘法计算的问题吗？由此展开口算方法的教学。思考比较一下，这一情境引入的设计与课本主题图信息的提供哪个更适切？显然课本主题图中的信息是比较丰富的，素材也是比较优化的，意在让学生通过仔细观察、收集信息，提出尽可能多的数学问题，并在解决问题的经历中学会口算乘法。教者的这一变换注重的是变异求新、引发兴趣，但没有很好地落实教材的目标意图。

分析和考察一堂课教学目标实现与否，重在分析判断教学目标确定的适切性和达成度。评价教学目标的适切性一要看其确定与教材的要求、编写意图是否保持恰当或相对一致；二要看是否切合学生的经验基础、发展水平。从学校或教研部门组织的评课议课活动的实际来看，观课教师往往看不到授课老师对课时目标确定的具体文本，也不甚了解其目标导向的意图，通常是凭自己对该课题内容的了解或实践来审视，或者是听了授课老师的说课后才有所领会。评课议课的主要依据还是结合教师的课堂操作，从中判断该目标的确立是否适切？有无"笼统含糊"的现象？有无"降低"或"拔高"的存在？是否体现了"知识与技能、过程与方法、情感态度与价值观"三维统一的发展性教学？评估教学目标的达成度，既要看教师组织教学活动是否围绕着教学目标展开，意图、指向是否明确规定，组织、引导、帮助的效果如何，更要注重学生的课堂表现，学生有效参与活动的时间有多长？参与面达到了百分之几？参与度有多高？参与形式有哪些？参与的兴趣、热情怎样？有多少学生真正体验到了学习的成功和快乐？不同的学生是否收到了相应的收获？

课堂是一个有序的结构组织。这个组织的"立序"，必须从学科特色的角度上建构。如概念教学，其组织结构一般可概括为：辨别各个具体事物——抽象出各个事物的共同属性——概括并形成概念——把新概念的共同关键属性推广到同类事物中去进行修正与应用。这就意味着学生经历了"直观形象水平——形象抽象水平——本质抽象水平"三个水平层次。因此，教学可按照"情境引入——感悟理解——比较巩固——具体应用"四个序列进行操作。计算与解决问题的教学，一般依据"建构主义"提出的"同化与顺应"的认知方式，采取"训练迁移——尝试解决——交流反馈——总结概括——巩固练习"的课堂结构组织序列。对于一堂课的整个组织而言，又有主次之分、轻重之别，其主环节（新知教学）通常又按由浅入深的几个序列推进。有序清晰的课堂组织有利于把握课堂节奏，调整教学时间。在充分考虑"清晰立序"的同时如何选材，也是评议课堂教学的一个视角。从实际效果和教学投入上说，我们要考虑教学实践的普遍适用性，尽可能选择简单、朴素、贴近学生实际的教学材料。

这是评议课堂教学的一个重要视角。任何方式方法手段的选择与运用都要依据内容特点、实际情境和学生需要，没有哪一种方式方法与手段说它是最好的，只有在具体的情景中才可以识别出它的优势和不足。如人教版四年级下册"三角形边的特征"一课教学，教师通过多媒体课件演示，很快地得出了"三角形任意两边之和大于第三边"这个数学结论，但学生既不动手又不动脑，仅仅是一个旁观者，没有参与到自己实践的数学活动中来，更谈不上学生的思维发展和思想观点的碰撞。假如，教师采用"探究式"让学生用备好的材料去进行操作、猜想、思考、验证及小组讨论，并填写实验报告单等活动，学生的探究发现、合作交流等良好品质就可得以有效培养，这也是教材的编写意图和目标所在。对于一堂课而言，依据内容需要有的不只是运用某一方式方法和手段，需要多方配合，并根据情境进行优化和适时转换，评议时要注意分析比较，正确把握。

(3) 要关注教学亮点

课堂的本质是教与学的作用，是师生之间的沟通、交流与对话，在这个教与学、作用与反作用的交往情境中，时而会闪烁出让人会意、令人兴奋的亮点，这也是评课议课过程中的关注点。

教之亮点主要表现在教师的教学设计与组织实施两个方面，也就是说评议者要善于从教师提供的静态设计与组织的动态过程中去分析教师对教材内容的处理，对教学材料的选择，对课堂序列结构的安排，对习题应用的设计以及在组织"激发、探询、回应与反馈"的人际互动中，所体现的特色和展示的风采，其中的亮点都映射在一个片段、一幅画面、一个板书、一个问题、一个活动、一个细节之中，需要观课者仔细地去发现。如一位教师在赛课中，执教了人教版三年级上册"秒的认识"一课，让学生体验"秒"的时长从而建立"秒"的时间观念是本课教学的一个关键。

师：小朋友们，你们能不能用一个动作来表示出"1 秒"的时间。

生：我可以用"点头"来表示，我可以用"眨眼"来表示。

师：真不错！还有其他的表示方法吗？

生：还可以用"跺脚"来表示，还可以用"拍手"来表示。

师：太好了！我们一起跟着时钟秒针"嘀嗒嘀嗒"的节奏和老师一起"演一演"。

这节课充分而又有节律的活动将教学转入了"1 秒可做哪些事情"的发展区。这一师生互动的高度统一，活化了概念，亮化了课堂，内化了认识。无论是公开课还是常态课，不是缺少亮点，而是缺乏我们对亮点的发现，观课教师只要用心观察，体悟课堂，理解教学，就能挖掘授课教师的亮点所在，哪怕是一点。

课上得好不好，一个最基本的立场就是看看学生学习的表现与效果。课堂上，每一位学生都有其各自的表现，无论是倾听、回答、交流、质疑，还是动手操作、思考判断、问题解决，都有可能向我们展示一幅幅充满个性色彩的生命画卷，关键在于教师更多地去发现、去欣赏。课堂的设计与组织，教师只要精心谋划，学生在学习过程中就有可能迸发出思维的火花，闪烁出令人称道的亮点。

(4) 要找准教学问题

真实的课堂是不可能没有一点问题的，这是一个不争的事实。评课议课的指向重在诊断、分析与探讨。评议中，突出课堂教学中的优点、亮点固然需要，但发现和探讨观摩教学中存在的不足或问题同样重要，这更能增加课堂教学评议的研究价值，从这个基于案例研究的意义上说，评议观摩教学追求的是更好的可能，这样优点可以少说，但问题不可避之不议。观摩教师在注重教学分析的基础上，更要有敏锐的问题眼光和理智的批判精神，要善于从课堂的整体设计和环节组织上进行认真审视，识别出问题或不足的出处：是教材处理上的问题，还是组织结构上的问题，是教学目标确定上的问题，还是思想与方法渗透上的问题，是知识讲解上的问题，还是操作方式上的问题，是规律性问题，还是技术性问题，是教学评价问题，还是练习设计问题，是教师基本素养问题，还是学生基础水平问题等。评议者要围绕观摩教学的实际情形进行透彻号脉，确诊"病症"所属，找出"病灶"可能和"病因"所在，由此结合自己的"诊治视野"和"临床经验"开出"处方"。举一个例子，笔者在一次教学视导中，观察了人教版二年级上册《观察物体》的第一课时。授课老师强调的是学生在所坐的座位上观察到的物体的哪一面，没有组织学生变换角度去观察，以致学生对观察对象模糊，对相应的观察结果判断失真。不难理解教师对"观察的角度"这一关键点没有充分把握，在方法手段上也没有很好地采用恰当的方式，如举例、变易、改变位移等去化解学生观察与认识上的疑难，要让学生正确识别出同一物体在不同观察位置上的"正面、左面、右面"，教师需要在知识内涵的理解和策略选择的应用上多钻研。

找准教学问题，评议者要以换位思考的方式与参与者展开真诚的对话。如"这个情境引入，我这样改变，是不是更简约更实效一点？""这个环节，假如我来设计，就没有必要进行小组合作讨论了，因为多数学生已明了，可以把这个时间集中于学习其他内容，我的想法可否？""这样的问题设计换上我，我解决的办法是将它分解成若干个由浅入深的问题串，这样就降低了思考的坡度，促使学生顺利地越过障碍，是这样吗？""这道习题设计假如再增加相应的变式，那就更出彩了。"换位思考地评议，评议者设身处地、将心比心地理解教学、征求对方意见，把自己对案例的基本认识与操作设想坦诚地说出来，会使参与者获得另一种视野，也会促进授课教师积极采纳，并在自我反思、自我体验中转化为有效的教育实践。

（5）要力求深入浅出

数学家华罗庚说"深入浅出是功夫"。所谓的功底厚、功力强、功夫深都是久经磨炼而成的。教师评课议课怎样才能深入浅出呢？用曹培英教授的话说就是："深"不妨理解为未知的、抽象的、理性的，"浅"则可理解为已知的、具体的、感性的。由此，我们可以这样认为，一用理论指导实践地去评议，二用相应的转换方式去评议。用理论指导实践去评议某一个案例，不可能涉及到每一个理论领域，关键是要抓住某一具体理论与某一具体事件的紧密结合，用理论说服案例，用案例诠释理论。说不清打个比方，讲不透举个例子、弄不懂画个图可算是"深入浅出"的策略。即用具体的、可感知的信息（载体）去阐述抽象的、理性的问题。

比如，一位教师在评议所观课堂教学时，为了说明教师与学生的相互影响、相互作用，用了"$y = kx$"的函数式来解读。这里的 y 代表教师的作用，x 代表学生的作用，k 表示两个作用结果的系数。如果 $k > 1$，那么教师的作用就大于学生，这个值越大，教师的作用力就越大，从某种意义上说，学生的主体作用就没有得到很好的发挥；如果 $k = 1$，说明师生的相互作用趋于平衡，这时师生互动、课堂活动就能和谐共振；如果 $k < 1$，则反映学生的作用力胜于教师，这时课堂就会出现更多的生成，师生活动会创造出一个新的平衡。

（6）要讲究评议策略

有效评课议课必须抱着对所有参与者、对教学研究高度负责的态度，坚持以实话实说为准则，以平等对话为基础，这是基本立场也是基本策略。实话实说就是谈一些客观的现象、质朴的感受和实在的问题。因此说，坚持实事求是的准则需要打破"不想在同事面前暴露自己的弱点，不愿意自己的工作方式被别人指手画脚"、"我不会对别人的事说长道短，也不希望别人干涉自己的工作"这种"私下默契"的状态。只有本着客观、公正、实事求是，始终坚持"心理零距离"原则，围绕交流什么和怎样交流敞开心扉，坚持一种非强加的、非独断的、非含糊的启示和指引的正确方向，保持平等而不隐退、对话而不强求、虚心而不盲从，多点艺术，少些生硬，倡导激励，克服压抑，达成共识、共享与共进，评议才具有更真切的意义。另外，在普遍开展校本教研的实践中，评课给一些中老年教师带来了压力，也推动了他们的课堂教学改革。评课议课应视其年龄特点、知识结构和工作状态做到因人而异。针对老教师所上的公开课，评议时应从参与热情、积极投入、性格特征切入，最大限度地放大课的优点，并以商讨、期盼的口吻对一些明显不足或缺失提出建议，以人文关怀鼓足他们的工作后劲；对一些年轻教师来说，应从坚持评课的基本原则切入，标准严一点，要求高一点，问题谈得深一点，突出理论与实践的对话，以人文精神、专业品质激发他们的专业成长。

评课议课是一项专业性很强的技术性活动，又是一项讲究人际交往的艺术性工作。由于影响课堂教学成败的因素很多，决定了不同的视角有不同的"成像"，正如"横看成岭侧成峰，远近高低各不同"。上述评课议课中的"六忌六要"，只是笔者在学习与实践中的陋识浅见，以期在"仁者见仁，智者见智"的交流活动中，不断增强对评课议课的科学性和全面性认识。

二、评课主体与客体的关系

在新课程改革的背景下，教师听评课担当着转变教学观念、更新教学行为的职能。然而，现实的听评课，长期以来只被当作一种对教师的单项考核或者一种要完成的任务，有时也是个别教师的一种难堪或尴尬。这样的听评课丧失了其本身的专业价值。听评课要想发挥其应有的功能和价值，则需要有一种专业的视角、专业的话语与专业的评价。

(一) 教师听评课"去专业化"的表现形式

1.听评课任务式、形式化

以完成规定的听评课任务为目的，即为听评课而听评课，其具体表现有二：一是迫于学校或上级教育部门的听评课指标和考核要求。不少学校的听评课只是教师到教室，听听了事。甚至有的教师临时抱佛脚，在检查前突击地听几节课，或者是闭门造车，找同事的抄一下。检查时，大都是停留在"量"的指标或形式的考查上，究竟听的深度怎样、效果如何，却少有问津和考量。二是在评课时经常出现以下情景：要么"一边倒"，第一个人说了"好"，后面几乎都是讲好话的，提出的真正有价值的、实质性的意见很少，评了和没评几乎差别不大。要么沉默不语，这是大多数学校在评课时经常出现的情况。尤其是有领导在场时，一个个似乎都显得很谦虚、很拘谨，总是你推我让，尽量保持缄默，生怕说多了、说错了有碍面子、有失面子。要么"一言堂"，评课时由教研员或专家把持，评课成了"一言堂"，专家云大家亦云，多数人只是当看客、听众。

2.听评课分离式、疏离化

听评课教师的目光往往都聚焦在上课教师身上，主要观察上课教师的言谈举止，如教学目标的引入呈现、教学内容的组织安排、教学方法的选择运用、教学媒体的合理利用等。而对学生的学习效果关注不够，比如缺少对学生自主学习能力培养和学生思维活动质量的关注；不仅如此，对于学生掌握拓展性知识的程度、学习兴趣的激发和创新意识的培养等方面关注也较少，特别是对学优生和学困生的学习效果关注不够。

有些教师对待听评课抱着事不关己的心态，缺乏反观内省的意识，把自我与上课教师剥离开来，学到的仅是别人课堂教学之浅表，并非别人课堂教学之精髓，在借鉴与运用上往往只是复制、粘贴别人的课堂教学，从而丢失了听评课对自身成长完善、自己个性化教学风格形成的教育价值。

3. 听评课盲目性、随意化

听课者在之前不了解授课教师，也不了解听课班学生的特点，因此很难把握住授课教师在教法选择上的意图。一般而言，听评课应明确要"听什么"、"怎样听"、"听课班级学情怎样"等问题。而盲目性的听评课却只带着两只耳朵进课堂，有时连上课内容都不知，也不想知，更不用说听评课前做些必要的准备与思考了。

听评课教师中，很少有教师能带着具体的问题和研究方向来听，听评课缺少教学实践中碰到的需要思考的和有争议的教学问题。而盲目性的听评课多数是记录授课教师的板书，大多是对教学内容、知识点的流水账式的记录。

一是听评课时间不均衡。有些教师为了应付检查，听课评课的时间大多集中在开学前两周和学期后两周，中间很少有听评课记录。二是听评课的课型和学科分配不均衡。在选择听课评课类型、年级、班级、授课教师等方面，教师没有表现出明确的选择意图。他们听评同年级同学科的课较多，非同年级同学科的少之又少，特别是课时少的学科几乎是没有听评课。

(二) 教师听评课走向专业化的路径

为充分发挥听评课的功能，实现听评课的教育价值，教师听评课急需专业化。具体来看，教师的听课评课要走向专业化，应从以下几个方面入手：

1.增强听评课管理的实效性

出现听课评课"去专业化"倾向的一个重要原因在于管理的浮躁，没有给教师创造宽松的成长环境，管理视角没有触及听课评课的实质，结果使得听课评课只有制度层面上的要求，而没有管理过程的细化和优化，最终也就无法引起教师的兴趣。鉴于此，管理者应注意以下两个方面：一方面要从改变烦琐的常规做起，给教师留出自主成长的时间和空间。管理者在细化管理措施的时候不妨做一下"减法"，考虑一下哪些工作可以降低要求，哪些工作可以减少环节，哪些工作教师可以不做，给教师留出自我发展的时间和空间。尤其是青年教师，要有足够的时间去听课，参与评课，参加学习交流活动。第二个方面要加强对听课和评课的细节管理。对听课和评课的细节管理是提高实效性的突破口。具体来说，一是学校组织全体教师听课，邀请专家和有经验的教师参与评课，从方法到内容上给教师听课评课引路。二是学校管理人员要积极参与听课评课，提高自己的业务能力和水平。三是对评课的过程要优化，要有备而来，有感而发，教者和听者能够互动交流。四是听课评课要有主次，选好典型，有点有面，以免造成听课评课盲目症。这些细节要求，需要把握好从引导到监督、控制、考核等整个管理过程，最终成为教师的习惯和主动行为。这样，听课评课就会由"虚"到"实"，真正成为提高学校教育教学水平的管理手段和提高教师专业化发展的促进方式。

2.追求教育理论观照，提高听评课品质

听评课首先是建立在听评课者已有的教育理论素养基础之上的。评课属于输出系统或表达系统，是评课者学识、素养的外现，是评课者在已有知识储备背景下对教学现场的一种观照与反思。只有以先进的科学理论作指导，听课评课才能站在一个比较高的起点，才能提高其听课评课的科学性和实效性。可以说，听评课者的教育教学理论素养有多高，其所提问题的水平和听评课的品质就有多高，其教育教学理论功底有多深，其对授课教师的教学、学生的学习的把握与洞察就有多深。倘若没有必要的教育教学理论的储备，其听评课就是"盲人摸象"，甚至是"庸医疗患"。这就意味着教师的听评课需要教育教学理论的观照，通过案例累积和行动反思，初步构建个性化的评课观，从而提高听评课品质。那么，如何提高当前听评课中的专业含量？笔者建议，一是教师除了备课、上课、辅导以外，需要有自己支配的时间来读书，提升教育教学理论素养；二是需要重视对听评课的研究，把它放在与上课同样重要的地位来研究，以建构更丰富的专门的知识基础；三是需要对教师进行专门的教育或理论培训，使得教师成为不仅是一个会上课的人，也是一个会听评课的内行人。

3.遵循"以学论教"的原则，转变评价视角

"以学论教"是现代课堂教学评价的指导思想，也是我们评价课堂教学的一个新视角。"教与学在教学过程中是不可剥离、相互锁定的有机整体，是一个'单位'，而不是由'教'与'学'两个单位相加而成。"它告诉我们：评价教学成败最重要的标准应是学生的学习效果。评课者应从关注"如何教"转向关注"如何学"，从关注"教得怎么样"转为关注"学得怎么样"。一堂课的优劣不仅要看教师教学机智的发挥情况，还要看其教学任务是否完成、教学环节是否完整、教学方法是否得当，更要看学生的主体地位是否得到充分的体现，学生是否学得轻松、学得自主，学生有没有"学会"，是不是"会学"。具体来说，听评课应着重关注学生的情感状态(是否有适度的紧张感、愉悦感等)、参与状态(学习是否主动、回答问题和发表意见的广

度与深度等)、交往状态(教师与学生、学生与学生之间信息交流和互动的情况等)
与思维状态(学生发现问题、提出问题、探索问题的能力及其所提问题是否具有独
创性和挑战性等)等方面。简言之,就是要将课堂教学中教师的教学行为以及学生
的学习行为都纳入到观察的视野中来。这种评价视点的转变是教师实现听课评课专
业化的一个带有方向性的基本前提。

4.带着问题进课堂,强化问题意识

日常的听评课之所以深陷"去专业化"的泥沼之中而不能自拔,其根本原因在
于无问题意识。无问题意识的听评课除了完成他人指定的任务外,就难以发现值得
研究的问题、值得借鉴的经验与值得记取的教训,就难以使听评课教师、授课教师
的发展对接、关联在一起,从而丧失了教师发展的宝贵资源。因此,带着问题进课
堂,就意味着要用一种研究的心态来把握和运用它。而研究的最大特点就是要有真
问题,要分析与解决真问题。这就需要凡是引起你的注意的,甚至引起你一些模糊
的猜想的每一个事实,你都把它记入记事簿里。这种问题意识,其实也就是对教育
科研的具体方向的意识,对教育科研现场的具体信息或问题敏捷的发现和捕捉的
意识。所以,听评课者一定要强化问题意识,带着要解决的问题走进课堂,带着发
现的新问题走出课堂,形成新的想法,使自己的思考更为深入,在问题解决过程中
提升自身的专业素质。

带着问题进课堂,还意味着"心"进,即不仅要看、听与问,而且还要思、省与
悟,能够由人及己,将自己置身于上课教师的教学情境中去思考,设想如果自己来
上这堂课,那么会怎么上。这样的听评课不仅让听评课教师自己浸入特定的教学情
境,把听评别人的课转化为对自己教学的观照,促使自己对教育教学的理解,还会

使听课之后的评课成为一种心平气和的教学分析，能够有效地规避评课的"假、大、空、费"之弊病，使自己的评课之言说富有真情实感，让教学评议在分享彼此的思考、经验观点和情感时变成一种心心相印的倾诉和激励，真正地实现听评课的教育价值。

5.借鉴课堂观察策略，增强听评课的针对性

课堂观察是促进教师专业发展的重要途径之一。课堂观察的指向性十分明确，能引领每一个听课教师带着任务进课堂，带着问题去听课，有利于克服听评课活动的盲目化问题。课堂观察作为听课评课活动的一种新形式，其实过程并不复杂，只需经过课前会议的分工布置，课堂教学过程中对各个维度的细致观察，课后会议上各位观察教师的合作式诊断剖析等三个环节。具体来说，听评课前要做充分的准备，既要熟悉授课教师所讲内容，也要明确自己为什么听评课，还要掌握必要的听评课技术，比如观察量表、听评课的逻辑框架等。在听评课时，教师要使用相应的观察量表作出翔实的记录，注意从多角度、多侧面去观察和思考问题，并随时写下自己的疑问或困惑；听课后，将观察记录、疑问或困惑反馈给授课教师，并与其讨论和交流。而那种为完成外在任务的听评课，虽说不是浪费时间，但对于授课教师的发展、学生学习质量的提升和自身的进步来说，其意义是大打折扣的。教师是一个专业化发展越来越强的职业，是一个需要终身学习的职业。老斯坦福先生在斯坦福大学开学典礼上说："请记住，生活归根结底是指向实用的，你们到此是为自己谋求一个有用的职业。但也应该明白，这必须包含着创新、进取的愿望，良好的设计和最终使之实现的努力。"听课和评课给了教师对教育教学行为反思、整理和创新的时空。让我们在实践中勇于探索和交流，不断提高自己的专业能力，提升自己的教

学水平,与时俱进,更好地为教育服务。

三、评课的目的

评课是教师之间互相学习、相互提高、探讨新的教学方法、提高课堂教学水平的有效方法之一,也是学校领导了解教学、指导教学的重要途径。课的类型不同,因课而异,评课的功能也各不相同。

指导性的评课,突出"导"的功能。这种类型的课,一般是由刚走上工作岗位的新教师执教,由经验丰富的老教师及学校领导来听课、评课,目的是帮助他们尽快走上讲台,会上课,进而上好课,同时发现他们各自的课堂教学特色,以便今后量才录用。

美国著名的教育评价学者斯皮尔伯格就教育评价说过一句非常精辟的话:评价的目的不是为了证明,而是为了改进。评课的目的一是对课堂教学的优劣作出鉴定;二是对课堂教学成败的原因作出评析,总结经验教训,提高教学认识;三是对课堂教学亮点进行交流,相互学习,相互促进。评课的意义在于通过评课激励教师加快知识更新,优化教学艺术;调动教师的教学积极性和主动性,帮助和指导教师不断总结教学经验,提高教育教学水平,转变教师的教育观念,促使教师在教学过程中逐渐形成自己独特的教学风格。

四、新课程背景下对评课的要求

(一) 评课的要求

1.树立健康的评课心理

在新一轮课程改革进程中为充分发挥评课的作用,真正达到以研促教的目的,评课者应注意克服不正确的心理倾向。

一要克服"老好人"思想。评课是一种教研活动，不要担心自己的观点不能被授课人接受而"得罪"人。要充分发表自己的观点，只有在激烈的辩论中，大家才能互相学习、共同提高，教研活动才能深入开展。

二要克服从众心理。有些评课者往往顾虑个人的想法稚拙，怕贻笑于众人，就人云亦云，随声附和唯恐出错。没有让评课发挥它应有的作用。我们为了教学，所言即使颇有争议，也是观点的不同，而没有对错之分。因此，评课要大胆提出自己独特的见解，发展求异思维，敢于创新。

三要克服附和权威心理。教育随着时代的发展不断前进，教学理念不断更新，教学方法不断改进，教学模式不断创新，教学手段逐步完善。没有一位教师能自诩为权威。大家所存在的差异是学识、经验、能力上的差异。所以没必要为冒犯权威而瞻前顾后，要敢于向经验挑战，打破传统的评价模式。

2. 评课要把学生的发展作为关键点，坚持"以学生的发展为本"

教学的本质是学习活动，其根本目的在于促进学生的发展，而且教师教学活动是否有效取决于学生是否有效地学习。因此学生学习活动的表现以及经过学习活动后得到的结果势必成为评价课堂教学好与坏、优与劣、成功与否的关键要素。对课堂教学评价的重点应该从授课教师的教学基本功如何转向学生学习活动的过程和结果如何（注意，这里提评价重点必须转向，并不是完全忽视或否定教师教学基本功的情况）。对于一堂课，如果教师总是想尽办法、合理有效地创设问题情境、充分利用各种教学资源和教学手段引导学生积极参与到学习中来，学生课堂中表现出积极参与探究、主动质疑问难的情形，而且通过学习，学生的思维得到激发，学业水平（包括知识与技能、能力与方法、情感态度和价值观等）得到充分（或较大程度）的发展与提高，学习兴趣得到充分（或较大程度）的激发并产生持续的学习欲望，这样的课就可以认为是一堂很好的课。如果无法达到上述目的，就说明教学（某个环节或整个教学过程)存在问题,必须引起授课教师的反思。

3.评课要把重点放在"评学"上面,坚持评教与评学相结合

课堂教学是教师组织和引导学生进行有效学习的过程,是师生互动、生生互动、共同实现具体发展目标的过程。课堂教学的主体是学生,教学目标的落实最终是体现在学生的学习过程之中。因此,课堂教学评价要改变传统的以"评教"为重点的现象,把评价的重点转到"评学"上面,以此促进教师转变观念,改进教学。

要把评课的关注点,从教师传递知识转到学生有效学习方向上面来,转到针对学生差异进行因人施教上来;要把过多的统一讲授,转变为以指导学生分组学习讨论和统一答疑、点拨为主要活动方式上来;要把课堂转变到以适当的统一讲解与有指导的自学或自由选择条件下的探究、研讨、查询相结合的形式上来。

转变评课的着眼点,评价课堂教学不能仅仅着眼于学生学习的质量及效果,尤其不能仅仅关心学生的学业考评分数,应该更多关心为教师创设有效教学活动的环境与气氛,关心教师对学习者的指导、帮助是否切实有效。关注学生是否在教师的引导下积极参与到学习活动中;关注学生是否乐于参与思考、讨论、争辩、动手操作;关注学生是否乐于和其他同学进行合作学习;关注学生是否经常积极主动地提出问题,等等。

4.评课要提倡创新,培育个性

正确地评价一堂课,既要体现课堂教学的一般特征,又要提倡创新,鼓励个性化教学。教师的个性化教学,是新课程标准理念实施的需要,是张扬学生个性的需要,是创造教学艺术魅力的需要。新课标需要的不是拘泥于教参的教学设计,而是要根据学生的具体情况作灵活的调整,发挥自身优势,拿出具有个性化的教学设计。另外,如果教师能够根据学科特点,摒弃功利追求,提倡个性化教学,将学生头脑中自由思索的权利还给学生,不但能够张扬学生个性,更能够促使学生在学习上的

"可持续发展"。

5. 评课要实事求是,从实际出发

课堂教学评价要符合课堂教学改革的实际,评价的标准是期待实现的目标,但又必须是目前条件下能够达到的,以利于发挥评价的激励功能;评课必须从实际出发,从观察到的、感受到的情况出发,不能想当然。既充分肯定成绩,总结经验,又要揭露问题,提出改进措施,评价的内容和要点必须是可观察、可感受的,要以实际情况进行判断。

6. 让学生参与评课

新课程强调学生是教学服务的对象,是学习的主体,理应是评课的主体之一。让学生参与评课,发表自己对教师一堂课的想法和要求,这对授课教师和其他听课教师都会很有启发和帮助。同时,由于学生的参与,评课主体呈现多元化、民主化,对一堂课进行多角度、全方位扫描,有利于增强评课的针对性、科学性和实效性。当然,受年龄、阅历和认知水平的限制,学生的意见有时不够成熟、全面,教师可权作参考。

(二) 评课的几个原则

目前中小学评课重点看师生双边互动、生生互动是否有效,学生的主体地位是否体现,教师的教学方式是否改变,新课改的三个维度是否有效贯彻。

1. 实事求是的原则

评课本着公正、实事求是的态度,实话实说是体现评课者责任心的问题,也是给执教者学习的机会,切不可敷衍了事,那样对不起同事的劳动。

2. 零距离的原则

主持者应营造一种轻松、愉快的评课气氛,要让执教者在春风化雨般的评语中得到信心,也学会反思。让每一位听课者都敢于发表自己的看法。

3.针对性原则

评课不宜面面俱到，应就执教者的主要目标进行评述，问题要集中明确，充分肯定特色，也大胆提出改进，不主张罗列太多，只要一两点到位就够了。

4.激励性原则

评课首先要考虑到最终目的是为了激励授课者，而不是挑毛病，要让执教者听了你的评课后更有信心，更有勇气，而不要让他听后感叹："这辈子再也不上公开课了！"

5.差异性原则

要因人而异，不要强求一律，要用别人的长处比自己的短处，而不是用自己的长处比别人的短处。听新教师的课，主要了解他们的教学基本功、教学中存在的主要问题，提出整改意见。同时了解课程建设的新理念、要求、方法等是否在课堂教学中体现，教师有什么要求，学校的课程资源是否能满足课程建设的需要。听学校教学骨干的课，着重了解他们的现状，提出进一步的培养措施，并指导他们上好观摩示范课。

6.就课论课原则

把课评足，就事论事，不要由评课到评人，更不能因一堂课而否定其全部工作。

(三) 评课之大忌

1.只听，不参加评课。这是听课的大忌，不评课听课就没有意义了。

2.蜻蜓点水，不痛不痒。有的老师听课，只听大概，所以评课只能如此。

3.事无巨细，面面俱到。评课没有主次，没有重点。

4.充当好好先生。这最为普遍，只拣好话说，使上课者和听评者没有充分认识到不足和遗憾。

5.恶语伤人。专挑毛病，在针孔里看人——看贬了，这与评课是背道而驰的，极不主张。

6. 追赶时髦，脱离实际。套些时尚的理论和时髦的评语，没有多大的指导价值。

7. 当面不语，背后不断。这种现象最为可怕，评课时有话不说，只当听众，当老好人，可课后却大加评论，评头论足，而且往往只会说授课者不是之处，造成很多不好的影响。

第二节　评课的准备

一、课前阶段

(一) 学习储备评课相关的知识

评课是一门艺术，也是一种技术，要想评得好，评得有效，必须懂教育，决不能是教育的门外汉，否则是要贻笑大方了！有的人只凭感觉，不管课堂要素与学生达成效果；有的怕评得重了得罪人；有的随大流，看别人先怎么说；有的停留于感性认识，缺乏一定的理论层次；有的泛泛而谈，缺乏对课堂教学亮点的提炼；有的就事论事，没有可供借鉴的建议。这些效率不高、作用不大的评课有些时候可能是评课者的态度不端正造成的，可大部分是因为评课者缺少相关的知识，在评课前没有做好必要的准备。鉴于此，我们特别强调评课者在平时的工作生活中及评课前要有充分的全方位的准备。在评课前都要储备相关的教育知识，对有些东西要了如指掌，对有的东西也要略知一二。比如新的教学理念，教育学、心理学、美学、演讲与口才，课的模式，学科特点，各种课型，这些都是一个合格的评课者应该掌握的，有了这些理论基础，评课者才能有能力鉴赏一堂课、评价一堂课，才会有高瞻远瞩的眼界和开阔的思维，进而才能做出科学合理的评判。下面将逐条作简要的介绍。

目前，有一些先进的教育理念，它们以高度的科学性、人文性颇受教育界的认可，它们是：

1. 不可不知的教育学、心理学原理

（1）皮亚杰认知发展的阶段性理论

皮亚杰认为，任何人的认知发展都要经历感知运动阶段（从出生~2岁左右）、前运算阶段（2岁~7岁左右）、具体运算阶段（7岁~11岁左右）、形式运算阶段（11岁~15岁左右）四个连续的阶段，且这种连续发展的先后次序是不变的。这种发展模式具有全球性的意义，在任何文化社会中都一样。每一个阶段都是形成下一个阶段的必要条件和基础。虽然在两个相继发展的认知阶段之间存在着质的差异，但这种差异是思维发展量变到质变的必然结果。

（2）布鲁纳的教育理论——发现学习

布鲁纳（J.S.Bruner）认为，教育的主要目的是为学生提供一个现实世界的模式，学生可以借此解决生活中的一切问题。学生不是被动的知识接受者，而是积极的信息加工者。布鲁纳强调知识结构的重要性，强调学习是一个主动的过程，应该作出更多的努力使学生对学习产生兴趣，主动地参加到学习中去，并且从个人方面体验到有能力来对待他的外部世界。为激发学生的学习动机，布鲁纳提倡采取发现学习的教学方式。他认为对于学习，了解一般的原理原则固然重要，但尤其重要的是发展一种态度，即探索新情境的态度，作出假设，推测关系，应用自己的能力，以解决新问题或发现新事物的态度。所谓发现，当然不只限于发现人类尚未知晓的事物的行动，而且还包括用自己的头脑亲自获得知识的一切形式。

（3）建构主义——情境教学

作为一种新型的学习理论，建构主义对学习也赋予了新的意义。首先，建构主义学习理论认为学习的过程是学习者主动建构知识的过程，"学习是建构内在心理表征的过程，学习者并不是把知识从外界搬到记忆中，而是以原有的经验为基础，通过与外界的相互作用来建构新的理解"(D.J.Cunnighan,1991)。因此学习活动不是由教师单纯向学生传递知识，也不是学生被动地接受信息的过程，而是学生凭借原有的知识和经验，通过与外界的互动，主动地生成信息的意义的过程。其次，建构主义学习理论对学生所学的知识也提出了新的理解，即知识不再是我们通常所认为的课本、文字、图片以及教师的板书和演示等对现实的准确表征，而只是一种理解和假设。学生们对知识的理解并不存在唯一标准，而是依据自己的经验背景，以自己的方式建构对知识的理解，对于世界的认知和赋予意义由每个人自己决定。

(4) 艾宾浩斯曲线

德国心理学家艾宾浩斯(H.Ebbinghaus)研究发现，遗忘在学习之后立即开始，而且遗忘的进程并不是均匀的。最初遗忘速度很快，以后逐渐缓慢。他认为"保持和遗忘是时间的函数"，并根据他的实验结果绘成描述遗忘进程的曲线，即著名的艾宾浩斯记忆遗忘曲线。

这条曲线告诉人们在学习中的遗忘是有规律的，遗忘的进程不是均衡的，而是在记忆的最初阶段遗忘的速度很快，后来就逐渐减慢了，到后来，几乎就不再遗忘了，这就是遗忘的发展规律，即"先快后慢"的原则。观察这条遗忘曲线，你会发现，学得的知识在一天后，如不抓紧复习，就只剩下原来的25%。随着时间的推移，遗忘的速度减慢，遗忘的数量也就减少。有人做过一个实验，两组学生学习一段课文，甲组在学习后不久进行一次复习，乙组不予复习，一天后甲组保持98%，乙组保持56%；一周后甲组保持83%，乙组保持33%。乙组的遗忘平均值比甲组高。

(5) 维果斯基的最近发展区域理论

前苏联心理学家维果斯基认为，对于儿童而言，存在着一个介于儿童自己实力所能达到的水平（如学业成就）与经过别人的帮助之后所能达到的水平之间的差距，这一差距被称作最近发展区，我们也可以将它理解为它是一个人的最大潜力。最近发展区是只有给予帮助才可能完成从实际发展水平到最近发展区的提高，只靠儿童自己是无法独立完成的。找出其最近发展区，就可以通过成人帮助使儿童的认知能力得到最充分的发展。因此，在教育过程中，应当充分开发青少年的最近发展区，除了带领学生在已有知识的基础上学到新知识之外，更应该在面对新知识时有新的认知思维方式，从而启发学生的智力。

教学最理想的效果只有在最近发展区内才会产生。例如，人们常说的"跳起来摘桃子"就是既要给学生一定的施展空间，又不能超过学生的最近发展区，这样才能真正发挥他们的学习积极性。当然，最近发展区概念只能是原则而不是方法。在最近发展区内辅导学生，是把辅导学生学习看成是必要条件。如果只是将学生置于最近发展区内让他独自学习，则会使学生在面对新知识的困难时退缩不前。

（6）皮格马力翁效应

也有译"毕马龙效应"、"比马龙效应"，由美国著名心理学家罗森塔尔和雅格布森在小学教学上予以验证提出，亦称"罗森塔尔效应(RobertRosenthal Effect)"或"期待效应"。皮格马力翁效应留给我们的启示是：赞美、信任和期待具有一种能量，它能改变人的行为，当一个人获得另一个人的信任、赞美时，他便感觉获得了社会支持，从而增强了自我价值，变得自信、自尊，获得一种积极向上的动力，并尽力达到对方的期待，以避免对方失望，从而维持这种社会支持的连续性。

（7）强化与负强化

斯金纳提出的强化理论分为两种类型：正强化和负强化。斯金纳认为：人或动物为了达到某种目的，会采取一定的行为作用于环境，当这种行为的后果对他有利时，这种行为就会在以后重复出现；不利时，这种行为就减弱或消失。人们可以用这种正强化或负强化的办法来影响行为的后果，从而修正其行为。

(8) 中国古代著名的教育理论

寓教于乐：注重给学生创设轻松愉快的学习氛围；

授之以鱼，不如授之以渔：强调方法的重要性；

不愤不悱，不启不发：强调教师的启发和引导；

知之者不如好之者，好之者不如乐之者：强调培养学生的学习兴趣；

因材施教：重视学生的个体差异。

2. 不可不知的教改内容

(1) 课的模式

全国高效课堂九大"教学范式"分别是：山东杜郎口中学"10+35"模式、山东昌乐二中"271"模式、山东兖州一中"循环大课堂"、江苏灌南新知学校"自学交流"学习模式、河北围场天卉中学大单元教学、辽宁沈阳立人学校整体教学系统、江西武宁宁达中学自主式开放型课堂、河南郑州第102中学"网络环境下的自主课堂"和安徽铜陵铜都双语学校五环大课堂。

(2) 各种课型及基本环节

①新授课

基本环节：创设情景、导入新课→自主探究、合作学习→成果展示、汇报交流→归纳总结、提升拓展→反馈训练、巩固落实。

②复习课

基本环节：问题驱动、自主学习→重点难点、合作探究→知识梳理、点拨归纳→典例评析、深化提高→变式巩固、拓展完善。

③讲评课

基本环节：自查自纠→合作交流→问题汇报→教师点拨→梳理巩固。

(3) 不可不知的教育专业术语

①4个维度

学生学习、教师教学、课程性质、课堂文化。

②20个视角

学生学习：准备、倾听、互动、自主、达成；

教师教学：环节、呈示、对话、指导、机智；

课程性质：目标、内容、评价、实施、资源；

课堂文化：思考、民主、创新、关爱、特质。

此外还有无效教学、低效教学、负效教学、预设和生成等。

(4) 不可不知的基本教法及学法

近年来，随着我国教改的不断深入，教法与学法的研究呈现出一派空前繁荣的局面。新的富有特色的教法与学法，有如雨后春笋，层出不穷，大有令人目不暇接之势。据笔者不完全统计，近年来见诸书籍、报刊的教学方法已达百种之多。除了像讲解法、阅读法、练习法、参观法、实验法、实习法、实习操作法等基本方法外，还有发现法、尝试教学法、引探教学法、六因素单元教学法、三算结合教学法、程序教学法、纲要信息图表教学法、自学辅导教学法、游戏教学法、学导迁移教学法、三读两疑程序式教学法、单元目标教学法、反馈教学法、结构式教学法、台阶式教学法、掌握学习教学法、问题教学法、设计教学法、分组教学法、暗示教学法、全息教学法、微型教学法等各式各样的教法。以培养学生学习能力为宗旨、目的在帮助学生从学会到会学的各种学法也不断涌现，诸如程序学习法、类比学习法、结构式学习法、举一反三学习法、检索信息式学习法、迁移学习法、联想学习法、定向浏览学习法、四环式学习法等。

我国中小学常用的教学方法有：

①讲授法

讲授法是教师通过口头语言向学生传授知识的方法。讲授法包括讲述法、讲解法、讲读法和讲演法。教师运用各种教学方法进行教学时，大多都伴之以讲授法。这是当前我国最经常使用的一种教学方法。

②谈论法

谈论法亦叫问答法。它是教师按一定的教学要求向学生提出问题，要求学生回答，并通过问答的形式来引导学生获取或巩固知识的方法。谈论法特别有助于激发学生的思维，调动学习的积极性，培养他们独立思考和语言表述的能力。初中，尤其是小学低年级常用谈论法。谈论法可分复习谈话和启发谈话两种。复习谈话是根据学生已学教材向学生提出一系列问题，通过师生问答形式以帮助学生复习、深化、系统化已学的知识。启发谈话则是通过向学生提出来思考过的问题，一步一步引导他们去深入思考和探取新知识。

③演示法

演示教学是教师在教学时，把实物或直观教具展示给学生看或者作示范性的实验，通过实际观察获得感性知识以说明和印证所传授知识的方法。演示教学能使学生获得生动而直观的感性知识，加深对学习对象的印象，把书本上的理论知识和实际事物联系起来，形成正确而深刻的概念；能提供一些形象的感性材料，引起学习的兴趣，集中学生的注意力，有助于对所学知识的深入理解、记忆和巩固；能使学生通过观察和思考，进行思维活动，发展观察力、想象力和思维能力。

④练习法

练习法是学生在教师的指导下，依靠自觉的控制和校正，反复地完成一定动作或活动方式，借以形成技能、技巧或行为习惯的教学方法。从生理机制上说，通过练习使学生在神经系统中形成一定的动力定型，以便顺利地、成功地完成某种活动。练习在各科教学中得到广泛的应用，尤其是工具性学科（如语文、外语、数学等）和技能性学科（如体育、音乐、美术等）。练习法对于巩固知识、引导学生把知识应用于实际、发展学生的能力以及形成学生的道德品质等方面具有重要的作用。

⑤读书指导法

读书指导法是教师指导学生通过阅读教科书、参考书以获取知识或巩固知识的方法。学生掌握书本知识，固然有赖于教师的讲授，但还必须靠他们自己去阅读、领会，才能消化、巩固和扩大知识。特别是只有通过学生独立阅读才能掌握读书方法，提高自学能力，养成良好的读书习惯。

⑥课堂讨论法

课堂讨论法是在教师的指导下，针对教材中的基础理论或主要疑难问题，在学生独立思考之后，共同进行讨论、辩论的教学组织形式及教学方法，可以全班进行，也可分大组进行。

⑦实验法

实验法是学生在教师的指导下，使用一定的设备和材料，通过控制条件的操作过程，引起实验对象的某些变化，从观察这些现象的变化中获取新知识或验证知识的教学方法。在物理、化学、生物、地理和自然常识等学科的教学中，实验是一种重要的方法。一般实验是在实验室、生物或农业实验园地进行的。有的实验也可以在教室里进行。实验法是随着近代自然科学的发展兴起的。现代科学技术和实验手段的飞跃发展，使实验法发挥越来越大的作用。通过实验法，可以使学生把一定的直接知识同书本知识联系起来，以获得比较完全的知识，又能够培养他们的独立探索能力、实验操作能力和科学研究兴趣。它是提高自然科学有关学科教学质量不可缺少的条件。

⑧启发法

启发教学可以由一问一答、一讲一练的形式来体现；也可以通过教师的生动讲述使学生产生联想，留下深刻印象而实现。所以说，启发性是一种对各种教学方法和教学活动都具有指导意义的教学思想，启发式教学法就是贯彻启发性教学思想的教学法。也就是说，无论什么教学方法，只要是贯彻了启发教学思想的，都是启发式教学法，反之，就不是启发式教学法。

⑨实习法

实习法就是教师根据教学大纲的要求，在校内外组织学生的实际学习操作活动，将书本知识应用于实际的一种教学方法。这种方法能很好地体现理论与实际相结合的精神，对培养学生分析问题和解决问题能力，特别是实际操作本领具有重要意义。实习法在自然科学各门学科和职业教育中占有重要的地位。这种方法和实验方法比较起来，虽有很多类似的地方，但它在让学生获得直接知识、验证和巩固所学的书本知识、培养学生从事实际工作的技能和技巧以及能力等方面，却有其特殊的作用。

3. 应该懂一点教育美学

"真"、"善"、"美"理应成为审视学校教育的三个基本价值尺度。"真"使人具有智慧，"善"叫人享有幸福，"美"则让人拥有自由。然而，"智育重要，德育次要，美育不要"却是我国学校教育中不争的事实。因此，在"真"、"善"价值尺度的基础上，确立"美"在学校教育中的地位和作用，在引导学生认知学习活动、道德学习活动过程中，开展学生审美学习活动，在赋予学生智慧、幸福的同时，给予学生自由，以实现学生身心全面发展，是我国学校教育改革与发展的主题。因此，必须有一定的美学理论做基础，评价一堂课才能评得公正、全面、透彻。

4.培养一点演讲与口才方面的素养

一个会说话的人，总可以流利地表达自己的意图，也能够把道理说得很清楚、动听，使别人乐意地接受。有时候还可以立刻从问答中测定对方的意图，并从对方的谈话中得到训示，增加自己对于对方的了解，跟对方建立良好的友谊。不会说话的人，不能完全地表达出自己的意图，往往会使对方费神去听，而又不能使其信服地接受。评课恰恰是一项需要用语言表达的工作，可以说，语言表达好，使你的评课锦上添花，语言表达不好可能导致整个评课"满盘皆输"，因此，要有一点演讲与口才方面的素养。

（二）了解课程

军事上讲知己知彼方能百战百胜，其实评课亦然。要想评得好，必须对你所评的课程有充分了解，在听课之前了解所要评的课，主要通过自己的知识基础及听取授课人的说课，主要了解这节课所涉及的教学大纲、授课内容、课型、教师处理教材的方法和特点、选择的教法、学法、教学的重难点等。

（三）了解教师和学生

主要了解教师的教龄、毕业院校、教学风格等。评课时要充分考虑授课教师的教龄因素，千万不能"一视同仁"，因为教师和许多职业一样是一种技术型职业，工作时间的长短及工作经验对其工作水平有至关重要的接近决定性的作用。要求一个刚出大学校门的年轻教师经验丰富和要求意味工作二十年的老教师活力四射都是不科学的，因此评课前必须了解教师的教龄。中国幅员辽阔，地大物博，师范院校零星地分布在我国各个地区，由此一来，受地域文化和学术风气的影响，毕业于不同院校的教师自然具有迥异的个性和特色，评课时应该充分考虑这个因素。比如北方的师范大学比较注重基本功和授课的深度广度，南方的师范大学比较注重教法学法的创新，课堂灵活多变。还要了解学生，注意学生的城乡差别、基础差别以及地域差别。以英语课为例，农村教育比较落后，学生口语、听力普遍较城市学生差，那你以城市标准来衡量课堂上的师生互动、学生表现就显得不太合理了。

为评课而听课与为学习而听课还是有所不同，所关注的角度不一样，想为评课做好准备，必须抓住一切值得评价的地方，要格外地关注细节，主要是授课人的闪光点，比如一种好的教学方法，一个巧妙的教学设计，一种新的思维方式，对某一问题的独特的处理技巧，一个意外事件的巧妙处理，一个巧妙的引入过渡承转，独具匠心的留白，甚至是一句实用的话，一个贴切的词语。例如，有一次笔者听一位数学教师讲授函数单调性的公开课，用"每况愈下"描述减函数的图像，用"蒸蒸日上"来形容增函数的图像，十分贴切形象。使用精妙的贴切的成语来形象地描述课堂内容，无疑会给学生留下很深的印象并取得较好的教学效果，获得较大的反响。还要抓住授课人的不足之处，听课时要带着批判和审视的目光，无论多么资深的教师，准备得多么充分，教学过程中也难免有疏漏失误之处，也一定会有"败笔"之处的，记录下来，回顾、梳理和剖析这些"败笔"之处，以便促进教师吸取教训，在以后自己教学时得以改进和提高，正所谓他山之石可以攻玉，也可以使更多的老师在以后的教学中少犯或不犯同类错误，减少失误，提高教学水平。也要记录学生的独特见解和发现，每个学生都有自己的思维，他们会从各自角度去考虑问题，有时他们往往会有独特见解和发现。学生的这些特殊反应会给评课带来难得的启发。更要记录自己听课中闪现的灵感,在听课过程中,听课教师往往会因为一些特殊情景或一些偶发事件而产生瞬间灵感,"这些智慧的火花"若不及时去捕捉并记录下来,就会因时过境迁而烟消云散,而这些灵感也会给你的评课带来很多新思维。

二、思考阶段

对于教学目标的评价,绝对不能仅仅看它是否符合大纲,从教材的角度出发,更应该考虑它是否能突出学生的特点,将"以生为本"的思想贯串其中,使每名学生都能进步。因此评课时应当注意,教师是否考虑学生的特点,制定了相应的教学目标。对于不同学生,教师是如何对待的,是否让学生在每节课中有所提高,得到发展。过去只关注教师的"教",现在更关注学生的"学",尤其是学生的学习状态、参与程度、自主学习等。一堂好课,并不是千锤百炼的公开课,而是常态下的日常教学。本着这样的评课原则,在评课前要认真思考并做好以下三方面的工作:

(一) 理清评课重点

经过认真的课前准备、认真的听课并认真详细的做记录,相信在评课前已经掌握了关于本节课非常全面的信息,这个信息量是非常大的,那么在评课前要做的最后的比较重要的工作就是合理适当地取舍,该评什么、能评什么就保留什么,没有大价值的东西可以大胆地舍弃,而有价值的东西要留下来精心设计。

(二) 安排评课内容次序

经过取舍之后,评课内容也不是一句话就结束的,要评议的方面往往有多个,这就要巧妙安排评课内容次序,一般可以按照问题在授课过程中出现的前后来安排顺序,也可以按照先优点后缺点的顺序,还可以按照评课内容的重要程度安排顺序。

(三) 构思组织语言

然后要构思组织评课用语，保证条理清晰，有一定的语言风格，比如有的人评课语言朴实自然，给人一种平易近人的感觉；有的人旁征博引，气势雄浑；有的人用语轻松幽默且不失实效性。总之，张显个人风格的评课语言不但具有更强的指导意义，更给人一种美的享受。此外还有一点最重要的是要注意自己的表达方式，评公开课是老师们互相学习、取长补短、开展教研活动的主要方式之一。这要求我们在评课时要有各种不同意见争鸣，要充分发表各自的独特见解。但不恰当的表达可能使学习促进变成了相互攻击和嘲讽，所以一定要充分考虑所有听众的感受，让你的评课语言精准得当、深刻透彻又易于接受。

第三节　评课的内容

一、评教学目标

课堂教学如同走路，必须有明确的目标。一个人走路倘若没有明确的目标，很可能会盲目徘徊，甚至是误入歧途。如果一个老师课堂没有明确的目标，就会表现得混乱随意，效率低下。一个人走路没有目标，往往损害的只是他自己。一个老师课堂没有目标，受害的就是许许多多渴求知识的心灵。因此，明确的教学目标对一个老师来说至关重要，甚至在一定程度上决定他本人的素质和能力。

(一) 教学目标的分类

我国新课程标准对教学目标从三个维度进行了划分，分别是知识与技能、过程与方法、情感态度与价值观。新课程标准的教学目标要求教师在确立教学目标时，要尽可能用明确的行为动词来对学生的学习成果进行描述。这也是新课改的必然要求，希望教师能够把素质教育的理念落实到日常的教学过程中。这与布鲁姆所提倡的教学目标分类是相对应的。知识与技能对应认知学习领域，过程与方法对应动作技能学习领域，情感态度价值观对应情感学习领域。

1.知识与能力

主要包括人类生存所不可或缺的核心知识和学科基本知识；基本能力——获取、收集、处理、运用信息的能力、创新精神和实践能力、终身学习的愿望和能力。

2.过程与方法

主要包括人类生存所不可或缺的过程与方法。过程——指应答性学习环境和交往、体验。方法——包括基本的学习方式（自主学习、合作学习、探究学习）和具体的学习方式（发现式学习、小组式学习、交往式学习……）。

3.情感态度与价值观

情感不仅指学习兴趣、学习责任，更重要的是乐观的生活态度、求实的科学态度、宽容的人生态度。价值观不仅强调个人的价值，更强调个人价值和社会价值的统一；不仅强调科学的价值，更强调科学的价值和人文价值的统一；不仅强调人类价值，更强调人类价值和自然价值的统一，从而使学生内心确立起对真善美的价值追求以及人与自然和谐和可持续发展的理念。

三维的课程目标应是一个整体，知识与技能、过程与方法、情感态度与价值观三个方面互相联系，融为一体。在教学中，既没有离开情感态度与价值观、过程与方法的知识与技能的学习，也没有离开知识与技能的情感态度与价值观、过程与方法的学习。三者相互统一、不可割裂，因此老师在制定教学目标时一定要全面考虑。

（二）教学目标的确立

1.从学生出发，关注学情

一节课教学目标的设立很多时候取决于老师的教学观念，因此老师自身树立科学合理正确的教学观念显得尤为重要。现在新课程理念要求"以学为主，先学后教"，强调学生是课堂的主体。老师在设定教学目标时，首先要考虑的就是学生的情况。如果老师在设立教学目标时，不能充分考虑学情，在教学过程中就会遇到困难。关注学情一般要注意三个方面，即学生的一般特征、入门能力、学习风格。所谓一般特征就是要关注学生的学习兴趣，如果班级学生学习兴趣不高，老师就要考虑是否降低学习的要求，注重培养学生的兴趣。入门能力就是要了解学生的学习能力和水平。现在学校分班，往往各种能力层次不同的学生编在同一个班中，老师在设立教学目标时一定要有所考虑。否则教学过程就会严重浪费教师和学生的时间，影响课堂效率。学习风格就是学生接受知识的习惯，是指一组心理特征，这组心理特征能够决定一个人在学习环境中的知觉、与学习环境的互动和对环境的反应等。老师在设立教学目标时，充分关注和分析学生，能够提高教学的效率。

2. 科学安排教学范围以及教学重点和难点

由于课堂教学时间有限，而教学的内容往往宽泛没有固定边际。老师在设定教学目标时一定要立足课程标准和考纲的要求，合理选择教学的知识内容。一节好课一定是重难点突出，而不是"漫天撒网"。教师将教学内容中的概念、事实、规则等以一定的形式罗列出来，并标明彼此之间的联系，整理寻找出主线知识内容，在确立教学目标时就能很准确地找到教学重点。教学难点一般指的是学生难以掌握的知识和内容，是学生学习过程中感到阻力较大或难度较高的地方，这就需要老师在课堂教学时有所侧重，做到有的放矢，从而事半功倍。教学难点和重点有时是一致的，有时却不同。每节课都应该有教学的重点，但不是每节课都有教学的难点。

如人教版高中语文课本必修三的第一单元是小说单元，有《林黛玉进贾府》《祝福》《老人与海》三篇文章，教学重点是：把握人物性格和掌握刻画人物的方法；掌握环境描写的方法和作用。但是具体到每一篇课文时,教学目标就有所不同。《林黛玉进贾府》是要掌握从语言和动作分析人物形象的方法;《祝福》是要掌握通过人物命运和肖像变化来刻画人物形象的方法;《老人与海》是掌握通过人物心理来刻画人物形象的方法。三篇课文的教学难点也不尽相同。《林黛玉进贾府》和《祝福》的难点是分析人物性格形成的原因;《老人与海》的难点是分析文章的象征意义和创作手法。因此老师在确立教学目标时,一定要经过认真的考虑和安排,这样就会全面落实教学的目标,不会导致重复啰嗦。

3. 增强教学目标设计的合理性

教学目标既是一切课堂教学的中心,也是教学的归宿,还是衡量、评价教学有效性的标准。因此,要提高教学的有效性,首先要增强教学目标设计的合理性。三维目标都应该在教师教学目标设计的考虑范围内(虽然一节课中教师的关注点可以有所侧重)。教师一方面要注重挖掘教材中蕴含的静态的知识与能力、过程与方法、情感态度与价值观等内容,另一方面要关注课堂教学中可能生成的知识与能力、过程与方法、情感态度与价值观等内容。

首先,要准确把握教材内容。要提高教学的有效性,离不开老师自己对教材内容的准确把握。一旦教师对教材的解读偏离了方向,课堂教学的有效性就会大打折扣。教师一定要读懂教材。教师在实施教学之前,一定要深研教材,多想想。务必弄懂作者写作的真实意图,确立自己教学的目标。这样以来,才会避免把错误的知识传授给自己的学生。

其次,要批判性地看待教材内容。我们现在使用的教材,都是经过国家严格审查编订的,整体质量是比较高的。但也难免会出现一些知识落伍于时代的情况,因此老师在解读教材时一定要批判性地接受,敢于创造。教师本身的思考和批判精神也会影响到自己的学生，对他们以后的发展是极为有益的。老师将教材上的知识自我消化重组后，确定自己的教学目标，可以大大提升教学的有效性。

(三) 在反思中成长

反思习惯的养成，是一个教师成长的重要方式。关于反思的内容，一般来说，可以包括以下几个方面：教学技术，即反思课堂情境中各种教学策略、技能与技术的有效性，选择了哪些方法进行教学，教学过程是否合理，是否有效地达成了预期的目标，教学中存在哪些问题，有哪些成功的经验和失败的教训等。具体到教学目标的反思，教师不能只简单考量预期教学目标是否达成，还应该考虑自己在教学实施过程中哪些教学目标操作起来比较困难，产生困难的原因是什么，自己今后应该如何进行改进和完善。

没有任何一节课是完美无瑕的，都有可能出现这样或那样的问题。教师可以从两个方面对教学目标的实施进行反思——老师的教和学生的学。一节课完成后，老师要做一个回顾总结的工作。这节课上我的教学目标完成了多少，完成的情况怎么样？学生在掌握教学目标时的程度如何？老师反思自己的教，可以帮助自己更合理地安排教学目标和教学手段。如果课堂上某一个目标的达成出现了严重的阻碍，很可能是自己在制定目标时超越了学生的知识能力，那么在以后的教学中就应该更注重学生的能力水平，及时进行策略性调整。如果是上课时学生普遍对某一知识产生了疑问，而自己在预先安排时没有注意到，那可能是自己对教材的把握还存在一定的缺陷，需要更全面地研究和理解教材。教学目标要有一定的覆盖面。

反思可以使一个人看到自己的缺点，从而改进、成长；但老师在反思的时候也应该看到自身的优点，并不断继承和发扬。

二、合理评价教学方法的选择

新课改倡导的核心理念，就是充分尊重学生的主体地位，充分发挥教师的主导作用，正确协调教师和学生的关系，使学生真正做到自主学习、自主探究，真正掌握科学的学习方法。在新课改理念的倡导下，传统的教学方法显然不再适合。因此，如何正确选择教学方法是摆在老师面前一个迫在眉睫的问题。而作为评课者，正确评价老师的教法选择，对于教师的进步和新课改理念的普及也起着至关重要的作用。本文将从以下五个角度论述评价教师教法选择的参考依据。

（一）是否能正确处理学生主体和教师主导的关系，使学生的主体地位得到充分体现，教师的主导作用得到充分发挥

学生的主体地位与教师的主导作用是辩证统一的。传统教学方法以教师为中心，注重教师的讲授而忽略学生的感受，是单向的知识传授，学生究竟愿不愿学，能接受多少，教师很少去关心和考虑。这种忽略学生主体地位的落后的教学，在新课改的潮流中必然要淘汰，取而代之的是全新的教学理念和教学方法，这种教学方法要求关注学生的主体地位，使学生真正成为课堂的主人。可是由于大家对新课改的理解并不到位，导致很多教师由传统教学的极端走向另一个极端。自主学习变成了放任自流，这样虽然突出了学生的主体地位，可是教师的主导作用却没有发挥出来，学生毫无学习方向，那么这样的课堂教学表面上看是顺应了新课改的潮流，但实际上学生是毫无收获的。所以作为评课者，一定要具备火眼金睛，要从根本上观察教师采用的教法是否将二者有机结合，如果教师偏重其一，要么就是没有领会新课改精神，教法陈旧，课堂死气沉沉，要么就是没有真正领会新课改的实质，导致课堂杂乱无序，课堂教学毫无深度和广度，只剩一个热闹。真正符合新课改理念的教法，应该是既有课堂气氛又有教学内容，学生在老师的引领下，通过自主探究、

小组合作等真正获得了知识，这种知识不是浅层次的表面的知识，而是在增长知识的同时提高了自己的能力，学会了科学的学习方法，体悟了高尚的情感，培养了积极的态度等，只有在达到三维目标前提下的自主学习和教师引导，才是真正尊重新课改理念的全新教学方法。

(二) 是否以问题引导的形式，进行启发式教学，启发学生自主思考、自学探究

古代教育家孔子就曾经运用启发式的教学方法来教学，新的课程改革要求尊重学生的主体地位，那么怎么样才能使学生真正地自学探究呢？评课者应注意观察，教师的教学方法是否启发了学生的思维，让他们真正有所思考。如教师设置导学案，学生根据问题来自学课文，这就是启发式教学。问题能够引起学生的思考，学生思考答案、获得答案的同时就学到了知识。但是问题的设置需要有一定的限度和逻辑性，问题太难不易于学生思考，问题过于简单就失去了启发价值。同时问题的设置要循序渐进，并与教材的逻辑相统一。因此，导学案在整个教学环节中都起着至关重要的作用。又如组织学生小组讨论，互相研究，得出结论，这也是充分发挥了学生的主体性，促进学生思考，引导学生自主学习。因此，启发式教学是否成功，可以分析教师在课堂教学的问题设计是否合理，学生的思维状态是否积极，是否能够得出一些有意义的结论等，如果在课堂教学中能够达到这样的效果，那么这位教师的启发式教学方法就可以视作成功的。

(三) 是否注重学习方法的培养，使学生能够举一反三，掌握打开知识大门的钥匙

任何一个学科都有其独特的学习方法，随着新课改的深入，课堂教学越来越注重学习方法的传授，作为教师，我们不可能永远给同样的学生上课，学生面临着升学和成长，因此，学生在课堂上只有能够掌握科学的学习方法，才会在以后的学习

道路上受益终生。如果说启发式教学是注重学生主体地位的话，那么向学生传递学习方法就是充分发挥教师主导作用的体现。关于学习方法，有以下几种，由于各学科特点不同，在此仅举几个代表性的方法，如阅读法、实验法、比较法、验证法、材料分析法等。评课者需要仔细观察教师在讲课中究竟向学生介绍了哪些学习方法，能否应用于未来的问题解决，这种学习方法的实效如何，是否是通过教师的长期总结得出的一些规律性的方法，通过这些方面的观察，可以由此得出这个老师对本学科的知识掌握是否扎实，是否形成了自己的教学思想以及教师在形成系统知识的同时是否归纳总结出了适合学生学习的方法等结论。

（四）教师的教学过程是否符合人们的认识规律

人们的认识规律是由浅入深、由简单到复杂的。教师在选择教法时，一定要考虑到学生的实际情况，学生的认知能力远没有教师高，教师能理解的内容学生未必能理解，即使教师在讲课中运用了先进的教学方法，可是学生是否能接受、能理解呢？这就又一次涉及到正确处理学生主体和教师主导的相互关系。教师应该站在学生的角度思考，教师设计的教学方法是否能够被学生很好地理解和接受，是否能把知识呈系统地讲授出来。我们经常在一些课堂上看到，一堂课热热闹闹，可是一问学生一些问题，学生却无从回答。再或者课堂刚刚开始就进行小组讨论，学生是否能马上进入状态？在此需要特意强调的是，新课导入一定要贴合实际，不能看着花哨，但与新课毫无关联或者没有起到承前启后的作用。同时，一堂丰富多彩的课必然有着多种教学方法，可是这些方法如果运用得时间不当，反而会影响整节课的效果。例如，一个教师在这堂课上可能运用了情境法、导读法、表演法等，但是明明是可以用导读法的地方教师偏要用表演法，就为了突出学生的主体地位，结果是又浪费时间，学生还没有掌握基本知识。因此，作为评课者，我们不能因为教师采用了新鲜的教学方法就认为这节课是成功的，要看这些方法运用得是否适宜，是否符合学生的认知规律，是否在最恰当的时间达到了最佳效果。

（五）是否注重理论联系实际，注重学生能力的培养

教学的目的一是向学生传递知识，教会学生做人的道理，更重要的要教会学生学以致用，为未来的升学、工作和生活等各方面打下坚实的基础。教材上的东西是理论性的，可是理论来源于实践，又对实践起着指导作用。因此，教师在教学方法中如果凸显了理论联系实际，那么这位教师的教学方法可以说是上升到了一定的高度。评课者怎样才能确定教师的教学方法是否做到了理论联系实际呢？主要看这位教师的教学方法是只注重学生单纯记忆课本知识点还是结合实际让学生理解性地记忆，介绍的学习方法是否实用，是否具有通用价值，组织的小组合作、小组讨论是否具有实效，学生能否从中锻炼自己的合作能力。我们知道，新课改要求我们注重学生自主学习，可是如果没有很好地理解新课改的思想，那么自主学习就变成一种形式，这种形式主义是不利于培养学生的能力的，完全了忽略了理论联系实际，也完全没有尊重新课改的核心理念——培养学生终身学习的能力。因此，教师在设计教学方法时，一定要注重理论联系实际，而不能光顾着手段新鲜、花样多变，而忽略了教学的本质。好的教学方法不一定看着多么丰富多彩，但是却能用最简单的方式达到最佳的效果，这样简单实用的教学方法应该是值得肯定和推崇的。

随着新课改理念的不断深入，新的教学方法也是层出不穷，可是不同地域有着不同的实际情况，如何在众多的教学方法中合理选择，这对教师来说也是一个考验。虽然先进的教学方法值得借鉴和学习，可是每个教师都有自己的个性，每个学科都有自己的特点，如何实事求是，创新进取，结合实际创造出属于自己教学特色的教学方法，这是需要我们进一步研究和思考的，否则再先进的教学方法，如果变成千

篇一律，大家盲目追求新鲜，忽略了传统教学的一些优秀方法，这样也是不利于教学的创新和进步的。作为评课者，我们一是要学习优秀的教学方法，教学相长。二是对于那些不适用的教学方法一定要给予及时批评和矫正，不能任其发展，不适当的教学方法不仅达不到教学效果，久而久之还会影响学生的学习和发展进步。评价教师的教法选择是评课的一个重要方面，也是考查一个教师教学水平的重要参考，评课者一定要认真对待，虚心学习，客观评价，从而相互学习和借鉴，共同促进教育事业的进步。

三、评学法指导

"学法指导"通俗地讲，即教学生学会学习，或者说是教育者对学习者的学习方法信息进行的一种反馈控制。在新课改背景下，有些教师虽然注重了教法的改进，却忽视了学法的指导，因而影响了教学质量的提高，因此对学生的学法进行指导，是教师角色的一大转变。《课程标准》中也明确地将"过程与方法"作为三维目标之一提出来，就是要求我们在课堂教学流程的设计中，贯串学法指导，建设真正的高效课堂。笔者就此作了如下思考：

（一）注重有效设计

笔者认为教师应该是课堂教学的总设计师，在规划各项教学环节的过程中，要始终思考如何有效地落实好教学目标，学生是否能够达成，如何达成？这都是老师在设计教案时要考虑的问题。

1.有效的课前准备

有效的课前准备能在课堂中起到举足轻重的作用。所以教师应该充分、深刻理解所讲内容的重点和难点，全面分析学生的学习实际和学习需求，前瞻性地考虑到在教学过程中可能出现的种种问题。为使课堂指导既具针对性，又具实效性，就必须在备课中兼顾学法指导，并对此作精心设计，这是搞好学法指导的先决条件。

2．有效的教学案设计

(1) 注重学法指导，有利于学生构建知识体系

布鲁纳说："务必教给学生以基本结构。这就要求我们在备课中，必须对教材的知识点加以组织或重组，使语文基础知识结构化、网络化，并最大限度地揭示它们之间的内在联系。这样就可以把庞杂、散乱的知识简单化、有序化、网络化，使之构成一个基本的知识体系。例如，讲《孔雀东南飞》，在帮助学生罗列一词多义的文言词语时，既归纳"致"在该文中解释是"使，致使，导致"，又在《张衡传》和《过秦论》课文中找出"致"的另外几种解释——"副词，尽，极"、"表达"等。这样，学生在阅读课外文言文时，碰到"致"，就会有意识地去辨别该句的"致"是何种意思。因此以后学生就会运用类似的方法去梳理归纳学习内容，为学生构建知识体系建立了一个范式。但是学法指导的方法不要公式化，不要千人一面，对于不同的文体、不同的内容要用不同的方法和手段去指导。另外在每一节课堂的教学过程中，教师都要有意识地向学生去渗透学法指导，这样做的目的在于对学生已掌握的方法做进一步的强化，对未知的方法要进一步学习。但是掌握学习的方法并非只有一种途径，因此在学法指导中，教师应该注重形式的多样化，如课堂提问的精心设计，选择有价值的问题让学生思考和讨论等。

(2) 注重教法设计，有利于激发学生的学习兴趣

教法的设计要灵活多样，不要一成不变。如果每节课的讲授方法都千篇一律，那么时间长了学生会感到厌倦的，从而影响教学效果。所以要针对不同内容采用不同的教学方法，使课堂气氛始终维持一种活跃的状态，这样学生的潜能才可能被激

活,教学效果才会事半功倍。比如,在讲小说《祝福》时,按照以往的教学,教师可能这样机械地问同学们:"请你们归纳出这篇小说的情节。"这样的问题一出,学生丝毫没有兴趣感,甚至厌烦,但是如果换一种问法:"文中说祥林嫂死的时候是四十上下,那到底是'上'还是'下'呢?"这样的问题一出,学生参与学习的积极性就被老师调动起来了,自己主动去思考到底是"上"还是"下",于是情节也归纳出来了。同样以讲小说为例,在讲《林黛玉进贾府》时,就可不按照常规出牌,尽管讲小说离不开三要素(人物、情节、环境)。我们知道贾府环境等级森严,但如何让学生感受到呢?如果教师一味地理性分析文本,学生会感到索然无味。于是教师可以很好地利用一个道具——"贾府平面图",通过图来解说贾府等级森严。所以教法的不断变化可以激发起学生的学习兴趣,加深了学生对学习对象的理解,让不同学习习惯和不同学习水平的学生都能得到一定的发展。所以,设计适合教学内容的教学方法,不仅能激发学生的兴趣,而且能活跃课堂气氛,在轻松活跃的气氛中提高学生的认知能力,并使枯燥的知识点变成吸引学生急于学习的内容。

(3)注重文本细节,有利于教学活动的深入

细节支撑文本,解读文本其实就是通过阅读分析文本诸多细节进而把握全文的过程。善于捕捉细节是一种智慧,打造细节就是一种精彩的预设。根据教学的需要,"细节"是可以设计的,或为了调动全体学生的积极性与主动性,或为了突破重难点,或为了全面提升学生的语文素养,我们往往通过营造某种情境,来设计某些细节而预约精彩的生成。如我在执教《归去来兮辞》时,发现书下注释这样说的,"这篇赋就是写陶渊明回归田园之初激动欢喜之情的自然流露"。笔者觉得这个注释是可商榷的,于是笔者引导学生看书下的这条注释,让他们产生质疑。大家静下来去思考,去从文本中找关键词、语句,去质疑注释。大家讨论之后,笔者总结:"通过

对注释的讨论，我们了解到这篇文章不仅仅写了作者回归田园的那份欣喜之情，而且在欣喜背后还有一种忧愁。所以可用'七分欢喜、三分忧愁'来概括作者的情感。"所以抓住文本细节相当重要，可以达到活跃课堂的目的。

(二) 精心设计课堂教学环节

1. 用典型材料来激发学生的学习乐趣

子曰："知之者不如好之者，好之者不如乐之者。"为了使我们的学生能够真正地爱上学习，前提之一就是必须培养学生的学习兴趣。所以教师在教学中应充分利用有关材料，最大限度地激发学生的学习兴趣。笔者在教授《边城》时，设计了一段导语："高尔基沿着伏尔加河流浪过，马克·吐温在密西西比河上曾经当过领港员。而有这样的一位作家，他在一条长达千里的沅水上生活了一辈子。他20岁以前生活在沅水边的土地上，20岁以后生活在对这片土地的印象里。他从一个偏僻闭塞的小城，怀着极其天真的幻想，跑进一个五方杂处、新旧荟萃的大城。连标点符号都不会用的他竟然用手中的一支笔打出了一个天下。那么他是谁呢？"教师就此打住，引领学生读课文。这样的导入就是充分利用了学生的好奇心，因为他们想知道这个人是谁，他为什么会如此热爱自己的家乡，他的家乡为什么会让他魂牵梦萦……一连串的问题在不经意间形成。在这样一种氛围中学习，学生学习的兴趣是很浓的，求知的欲望是强烈的。课堂教学是教学诸多环节的中心，它是师生之间进行信息传递与反馈、情感交流和行为相互作用的主阵地，教学设计也需要通过课堂教学来完成，而课堂教学中能否有机地渗透学法指导是关键所在，因而学法指导的成败在某种程度上决定了教学的成败。必须强调，在学法指导过程中，要遵循正确和科学的原则，切忌误导学生。如某位教师为了体现新课程理念中的"合作"与"探究"，当学生普遍不认识某个生字时，也让学生小组合作、共同讨论，这就令人啼笑皆非。

此时最佳与最便捷的方法指导就是让学生查字典。

2.在课堂教学中，要切实体现学生的主体作用

教师是知识技能的传授者和解决问题能力的培养者。为此，教师在教学中必然起主导作用，但教学是培养人的活动，是以培养学生能力、提高学生素质为目标的，因而教学中必须以学生为主体。教学中创设一个让学生自己去发现并分析、解决问题的情境，是这种作用体现的途径之一。在此分析一则教学实例。在学习李白的《春夜宴从弟桃花园序》一文时，紧紧扣住李白为什么要组织这次宴会为理由进行研读。学生在整体读完之后，自己主动归纳出三个理由：一是人生短暂；二是大自然的美景；三是古人为我们提供了榜样。但是在每一个理由中，在教师的引导下咬文嚼字，领会李白用词的精彩，如让学生去探讨：是苏轼的"人生如梦"好还是李白的"浮生若梦"好，两人都将人生比作梦，这个喻体选得好，但是人生好还是浮生好呢？学生自主讨论，总结出浮生要比人生略好，因为从艺术直觉来看，人生太直白、太普通、太通俗，而浮生就像漂浮在水面上的东西一样漂浮不定，这样就把人生的悲凉感写了出来。以这样的思路，让同学们去分析"阳春"和"暖春"哪个更好？"召"和"诱"哪个更能体现出春天生机勃勃的生命力。这样在教师的引导下，学生发挥了主体作用。这一教学活动，就是让学生在不断的比较中，感知语言的魅力，养成了他们咬文嚼字的好习惯。

3.在课堂教学中，要注重循序渐进

笔者曾在教授《兰亭集序》时，先引导学生疏通字词，然后翻译句子，最后了解文章大意。这是指导学生加强对基础知识的理解和能力的训练，为学生创设、提供思维形成和发展的天地。其次是认真研读文本，首先让学生概括出在这次宴会上都有哪些乐事，学生进行概括。紧接着再问学生，为什么转眼间王右军又痛苦起来

了呢？是什么引发他的苦痛呢？紧接着再问这痛是一己之痛吗？那么这种情感是否只属于魏晋时代呢？这些教学活动的设计，目的就是培养学生的逻辑思维，随着探究的不断深入，学生的认识不断加强，为他们的终身发展奠基。

当然，学法指导是一项长期而又细致的工作，有些步骤或做法在具体的操作中并无课前课后之分，只不过是各有侧重而已，学法指导的最终目的还是在于帮助学生提高学习的能力，使之能更好地自主学习，对知识的掌握更具广度，对知识的理解更具深度，对知识的应用更具创造性。应该坚信，学法指导贵在坚持，重在方法，如果大家共同来重视这方面的探索，定能走出一条成功之路。

四、评价教材处理的五个参考依据

教材是一个老师教课的依据，也是学生获取知识的重要渠道。如何处理教材，将其内容转化为学生可以接受的系统知识，对于每个教师来说都是一个艰巨的考验。因此，评价一个老师课堂教学是否成熟，看看她对教材的处理便可略知一二。我们在处理教材的时候，一定要遵循一个原则：就是"用教材教而不是教教材！"中学教师讲课不能天马行空，无边无际，必须以教材为基本依据，这就是"用教材教"；但是，如果整堂课都是在复述教材的内容，对教材没有任何加工和处理，完全不敢脱离教材，将教材奉为权威、经典，这样的课堂一定是机械的、枯燥的，这就是所谓的"教教材"。"用教材交"和"教教材"看似差别不大，实际却有着天壤之别，前者是对教材进行合理的处理，后者是完全机械的遵照教材来教，课堂效果可想而知。每一个学科都有不同版本的教材，比较常见的有人教版、岳麓版、大象版、川教版，但是这些教材都是根据国家制定的课程标准来编写，所以任何教材都不是最权威的，真正的优秀教师必须在遵循课程标准的前提下，合理处理教材，那么评价一

个教师对教材的出来是否得当,可以从以下几个方面来参考:

(一) 内容是否适中

我们都知道,一堂正规课的时间是45分钟,而很多学科,尤其是高中的学科,每一章节需要多个课时来完成,这就需要教师提前做好安排,选好内容。如果讲的内容过多,整节课会显得十分匆忙紧凑,如果选择的内容过少,这节课就给人一种知识匮乏、内容不充实的感觉。因此,在一课时之内究竟要讲多少内容,这是教师处理教材首先需要注意的问题,也是评课者考查教师教学经验和水准的一个重要参考依据。以上讲的是内容的多少需要适中,要根据时间长短做好安排,那么在内容的难易程度上也要适中,不能整节课都是十分晦涩难懂的知识点,这样很容易打击学生的自信心,而过于简单的内容没有深挖的价值,学生没能解决真正问题,那么课堂质量也难以保证。因此,评课者也可以根据课堂效果来评价教师对教材的选取是否得当。

(二) 是否详略得当

教材的编写必然是依据课程标准的,各章节都有重点和难点,所以对教材的处理必须详略得当,即重点和难点部分需要详细讲,其他部分要略讲,中学教师不是大学教授,不需要面面俱到,深入挖掘,只有重点突出,详略得当,才能体现一个教师对教材的真正掌握程度。评课者可以先观察主讲教师哪部分是详讲,哪部分是略讲,在观察的同时对照本课重难点,即可大致分析出教师的讲课内容是否偏离。一个教师在讲课的时候,重点是非常明显的,这样学生也易于集中精力把握主干知识,如果一堂课下来,看不出教师哪里讲的是重点,哪里是略讲,对教材内容平铺直叙,毫无详略,那么这个教师的讲课是失败的,肯定是达不到教学目标和教学效果的。

（三）是否挖掘了教材隐含的教育资源

每部教材都是编写者精心设计的，作为教师，我们是否能够体会编写者的真正意图？我们是否能够深入教材，挖掘教材中的隐含资源？也就是俗称的"吃透教材"。我们不主张机械地复述教材的内容，但是深入挖掘教材内容、吃透教材、读懂编写者的意图、尽可能地发现教材的全部知识点，这是对于一个优秀教师最基本的要求。很多年轻教师刚刚走上教学岗位，面对教材茫然不知所措，觉得教材的内容乱、杂、内容少，没什么可讲的，实际上都是没有读懂教材，没有真正用心研究教材。实际上，每部教材的每一章节的辨析、每一框题的编写、每一句话的编写都是经过编写者深思熟虑的，它是符合人们的认知规律的，有一定逻辑性可遵循的。有些教师，不愿意讲小字，不愿意讲教材中的"想一想""思考""知识拓展""注解"等不起眼的一些内容，而实际上这些内容恰恰是一个拔高和扩展知识的重要方面。它们有些是帮助更好地理解教材内容的，有的是通过问题引发思考，涉及到本课的难点内容，因此，教师不应该忽略这些方面。同时，教师能否通过教材的内容合理地延展一些其他知识，以帮助学生更好地理解知识，将知识系统化，这也需要教师充分研究教材的隐含资源。

我们都知道，目前的三维教学目标是知识与能力、过程与方法、情感态度与价值观。这三者是同等重要的，可是很多学生只能学会知识，提高一点能力，可是对于学习方法、本课的情感教育却少之甚少。这是因为我们教师在处理教材中忽略了教材中隐含的一些学习方法和情感价值观的内容，其实教材里很多地方都体现了科学的学习方法和情感态度价值观的一些内容，如动手制作、观察、制作表格等，还有一些讨论题、思考题，这是教材的细节部分，虽然我们强调详略得当，可是如果割裂三维教学目标，只重视知识，忽略过程与方法、情感价值观的内容讲授，那么这堂课是很平庸的，教师的水平也很普通，如果能够将教材中的一些方法、情感价值观教给学生，使隐含的教育资源得以彰显，那么学生在这堂课会收获远比知识更重要的经验和情感，这才是真正的教书、育人。

（四）是否结合学生或当地实际

为什么教材会出现那么多版本？就是因为不同的地方有不同的情况，现在允许各地根据实际情况，以课程标准为依据，编写不同版本的教材，同样，教师对教材的处理也要符合学生的实际情况。例如，在一个整体情况良好的班级，选取的教材内容就可以适当多些，学生接受能力强，知识可以略难些，有些挑战性，能够激发学生的学习兴趣。而在一个普通班级，则应该选取重点知识和主要内容来讲授，不宜过多扩展。又如，教材中的有些实验也要考虑到当地实际，有些学校设备比较先进，可以做一些复杂的实验。可是在一些设备不先进的偏远地方，是否有些实验就可以不做了呢？显然不是的，作为教师，应该尽可能地创造条件，利用一切资源，根据学生的不同素质和各地区的实际情况合理利用教材，不轻易割舍教材内容。

（五）是否能够灵活、巧妙地调整

教师在处理教材时，不一定要按照教材的逻辑顺序来进行，要统观全书，处理好章节顺序，要充分考虑到本学科的特点和学生的接受能力。评课时，要观察教师对每一框题的处理是否得当，章节之间的过渡是否自然流畅，是否符合学生的认知规律。当然，这里的参照标准不是绝对的，如果按照教材的编排来讲学生可以接受的话，还是要尽量尊重教材，尤其对于没有经验的青年教师，不要随意删减教材的内容。教师在处理教材时，不能以教材篇幅的长短为依据，而应根据教学的重难点来合理安排，对知识进行归纳分类。同时，还要考查教师在讲课中是否能够随机应变，例如，本来是需要略讲的内容，可是发现学生接受得不好，那么就需要教师进行合理调整，同时，教材的内容安排要和课堂时间搭配好，根据课堂节奏和剩余时间的变化随时调整讲课内容。

以上是评价教师对教材处理的五个参照标准，这五个方面实际上是相辅相成的，没有绝对的分界线。因为每一个教材、每一位教师都有其特色和风格，但是作为一个教师，学会对教材的处理也是走向成熟的标志。我们在评课时，不必拘泥于一个方面，要考虑到学科、学校、学生、教师等各个方面的因素，从主要问题出发，着重关注教师的课堂特色和其在处理教材时出现的主要失误，挖掘这堂课的亮点，点评课堂教学的不足，从而互相学习，互相借鉴，达到共同进步。

五、新课改下的新型师生关系

新课改一路走来历经几多风雨，师生关系也在悄然变化。师生关系的发展状况，影响着学生的健康成长，也影响着新课程实施的力度与深度。在新课改背景下，师生关系应该是平等的、民主的、积极互动的、融洽的。

据调查，目前师生关系还存在不协调的现象，主要分为以下四类：

第一，专制型。主要表现在教师高高在上，金口玉言，学生对教师言听计从。这种关系让学生对教师敬而远之，师生关系疏远。

第二，溺爱型。即教师不管是事情大小都大包大揽，学生唯有照章办事，否则会有大逆不道之意，这使学生丧失了主体地位。

第三，放任型。即教师对学生不闻不问，放任自流，师生之间无感情可言，关系冷漠。

第四，"兄弟型"。即师生间呼朋唤友，称兄道弟，这种变相的民主，师无师尊，生无生礼,这种关系貌似融洽,实则贻害无穷。[1]

基于以上这四种类型的师生关系,有无更确切的方法使师生关系更融洽呢?首先要处理好师生间的正式交往和非正式交往的关系。在教育教学中,师生之间除了课堂上的正式交往之外还有课下的非正式交往。有专家认为,新一轮课程改革的顺利推进和实行,在很大程度上需要有一种良好的师生非正式交往关系的氛围来支持。师生的非正式交往关系处理得好,不仅可以提高教育效果,促进学生健康成长,还可以融洽师生之间的情感关系,增进师生间的情谊,突出教师的个人魅力,增强教师在学生心目中的影响力和感染力。可以说,处理好师生间的正式交往和非正式交往关系对于推动新课改是十分重要的。

在教学实践中,教师和学生要做到以下方面:第一,互相尊重。师生双方都要有一颗包容的心,相互尊重,相互爱护,相互体谅。爱生是尊师的基础,尊师是爱师的结果。第二,加强理解与合作。不管是课堂上还是课堂外,师生之间都要互相理解。和谐的师生间非正式交往是建立在理解的基础之上的,需要通过师生间的"情感互动"来实现。师生交往要敞开心扉,以真实的面目坦诚交流,才能达到相互理解、相互信任,形成一种良性和谐的教育氛围。第三,要有积极互动的愿望。师生间的积极期望有利于师生间产生一种良性的激励机制,促使双方互相合作,创造一种和睦、融洽的人际关系,从而推动和促进教学的发展。[2]

在教学实践中,也会有一些典型的学生很难与他们沟通,比如学习困难的学生、行为习惯自制力较差的学生、既学习困难又行为习惯自制力较差的学生。这些学生的具体表现也不尽相同,有的自卑,有的破罐子破摔,有的缺乏做人的自信,在班

[1] 陈文田,《如何构建新时期的新型师生关系》,课改论坛,2012年1月。

[2] 武江红,《新课改下如何构建新型师生关系》,教师专业发展,2007年7月。

级中不合群，有的经常认为自己不如别人……对待这样的学生，老师往往很头疼，软硬兼施都不起效果。那么老师究竟要怎样和这些学生沟通呢？首先，老师要和这些学生平等地交流，多跟他们接触、交谈，有空的时候多和他们谈心，比如谈他们的兴趣爱好，谈谈他们的假期是如何度过的，谈谈他们的父母、家庭等。这些看似无意的谈心，却可以增进师生间的感情，使学生觉得教师很在乎他们，很看重他们，从而有一种心灵的归属感，渐渐地使他们融入集体，恢复自信。

新课改是为了适应社会进步和教育的发展而实施的新课程改革，是课程本身及教材理念的根本性变革。新课程的根本指向是人的发展，它倡导自主、合作、探究的学习方式，新课改的主要内容是：

1.转变课程功能。改变过去注重知识传授的倾向，强调形成积极主动的学习态度，使获得基础知识与基本技能的过程同时成为学会学习和形成正确价值观的过程。

2.改革课程结构。改变过去过于强调学科本位、门类过多和缺乏整合的现状，整体设置九年一贯的课程门类和课时比例，并设置综合课程，以适应不同地区和学生发展的需求，体现课程结构的均衡性、综合性和选择性。

3.改革课程内容。改变课程内容"繁、难、偏、旧"和过于注重知识的现状，加强课程内容与学生生活以及现代社会和科技发展的联系，关注学生的学习兴趣和经验，精选终身学习必备的基础知识和技能。

4.改善学生学习方式。改变课程实施过于强调接受学习、死记硬背、机械训练的现状，倡导学生主动参与、乐于探究、勤于动手，培养学生搜集和处理信息的能力、获取新知识的能力、分析和解决问题的能力以及交流与合作的能力。

5.建立与素质教育理念相一致的评价与考试制度。

6.实行三级课程管理制度。实行国家、地方、学校三级课程管理,增强课程对地方、学校及学生的适应性。

"以人为本"、"以学生的发展为本"是新课改的出发点。怎样实现有效的课堂?怎样真正理解新课改的理念?这是一个长期的过程,对于我们刚刚走上讲台的新教师而言更是任重而道远。

新课程理念下,教师应该明确自己的定位。教师是文化的传播者,学习的促进者,还是学生发展的伴随者。有人说:"教师要给学生一碗水,自己必须得有一桶水。"教师还应该做一个终身学习者,"学无止境"用在教育工作者身上不无道理。教材在不断更新,学习方式也在不断转变。教师更应该时刻保持一种积极向上的学习状态,才能跟上教育改革的步伐。

那么,教师应该如何适应新课程所引起的变化呢?大概总结如下:

1.更新教育观念,转变教师角色。

2.重建教学方式,重构课堂教学。

3.改善知识结构,转变工作方式。

4.掌握新的技能,学习新的技术。

5.积极参与课程开发,通过研发提高自己。

在新课改背景下,师生间的关系有一些变化,但总是不能脱离"以人为本"的原则。"以人为本"首先要建立在平等的基础上。平等是人格的平等,教师不能伤害学生的自尊心,要尊重他们的存在,尊重他们对文本的理解,使其各有所获,体验成功,培养他们的学习信心。其次,平等还是教学地位的平等。教师要当好顾问,引导学生大胆阐发个人观点,提出问题,尽情表演,尝试体验自主学习的愉悦。教师对文本理解应注意多元化,更多地与学生理解相近,让师生对文本的理解在课堂教学中相互融合、相互补充，启迪学生在更多方面、更多层次创新发展。

师生间的关系还应该建立在积极互动的基础上。在课堂上，师生间的交流必不可少。在课堂外，师生间的交流也要积极主动。对于那些难管理的学生，教师更应积极主动去找他们交流，多开启他们的心扉，多交流他们内心最关切的信息，让他们找到集体归属感。对于那些有进步的同学，教师要积极主动去表扬他们，让他们找到一种奋斗后有收获的感觉，让他们继续努力继续奋斗，并以自己的行动感染周围的同学。对于行为习惯不好的学生，教师更应主动找他们谈心。在谈心的过程中要找到学生感兴趣的话题，针对不同的学生采取不同的谈话方式，并且以身作则为学生树立榜样，可以以本班级中的优秀学生做榜样，让学生之间互帮互助，互相提高，共同进步。师生间的交流不要仅限于课上，课外时间更是交流的好机会。教师要抓准时机，找到和学生交流的契合点。学生总是单纯的孩子，只要老师主动些，学生总愿意和老师交流。这时候教师就必须具备强大的心理素质，要有耐心、恒心和毅力，对学生的各种问题都有所掌握和了解。教师要尽快处理学生出现的各种问题，不能拖延，以免后患。总之，教师就是在用生命感染生命，教师工作是一项极不容易的"工程"。

另外，师生关系还应建立在和谐愉悦的情感基础上。师生间的真挚感情，必定会带来神奇的教育效果。尊重学生的最高境界就是爱学生，爱学生必须走进学生的感情世界，就必须把学生当作自己的朋友，感受他们的喜怒哀乐。

再者，师生关系还应建立在教学相长的心理基础上。时代的发展赋予教学相长这一历史上流传下来的教育思想以新的内容。多媒体和信息技术的发展让我们接受信息的渠道越来越广泛，在这一环境下成长的学生获得的信息可能比教师还多。教师可以从学生那里学习很多东西，作为教师，应该正视这一现实，培养教学相长的心理情绪。

师生间的真挚感情，必定会带来神奇的教育效果。尊重学生的最高境界就是爱学生，爱学生必须走进学生的感情世界，就必须把自己当作学生的朋友，感受他们的喜怒哀乐。

在新课改背景下，师生间的关系只有建立在平等、民主、积极互动、融洽和谐的基础上，才能更好地促进教育教学的进一步发展。

六、新课改下的教师基本功及素质

一手漂亮的粉笔字，一口流利的普通话，这些曾经流行了多年的教师基本功，是过去衡量一个教师合格的尺度，但随着新课改的全面实施和素质教育的逐步推进，现代教育对教师素质与水平的要求也越来越高。因此，无论是新教师还是老教师，都面临着新的挑战。那么面对新课程，我们教师应该具备什么样新的教学基本功呢？应该如何适应新课程的需要呢？这都需要我们深入反思。

（一）板书的基本功

板书是优化教学效果的重要因素，它起着强化知识、巩固记忆的作用。教师边讲边写，提纲挈领地写出讲课要点；学生边听边记，使学到的知识更加牢固。同时，板书又是影响教师威信的一环。如果教师的粉笔字潇洒漂亮，他在学生心目中的形象就会更加完善，这对优化教学效果十分有利。教师的板书，字体要工整规范，纲目要条理清楚，内容要简明扼要，书写要快速准确，板面安排要恰当醒目。如果板书零乱潦草，模糊不清，东倒西歪或出现许多错别字，就会使学生产生厌烦情绪，影响教学效果。因此，认真写好粉笔字，提高板书能力，是每个教师不可忽视的大事。

（二）理论文化素养和专业知识

现代教育强调终身学习，传统教学中的"教给学生一杯水，教师要有一桶水"已经不能适应当今社会教育的发展，教师必须扎实地掌握本专业的基础知识，才能居高临下，把课教活。但是，仅仅精通本专业的知识还是远远不够的。因为各门知识都是互相联系的，博与专是对立的统一，只有博大才能精深，所以，要求教师在掌握本专业知识的同时还要博览群书，不断提高自己的理论文化素养和专业知识水平，才能更好地搞好自己的教育教学工作，才能真正适应新课改对教师综合素质的高要求。

（三）良好的语言表达能力

在教学中，要求教师能清晰、准确、通俗、生动地表达自己的思维，从而使教师本身的语言能够成为学生学习的楷模。因此，语言表达的能力也就成为一种十分重要的基本功。语言表达能力包括口头语言和书面语言两个方面，它是教师的逻辑思维、组织与处理教材以及运用口语、文字诸方面能力的综合体现。对于语言的表达，首先要求有严密的科学性，其次要求简练、生动、遵守语法等，以上各方面做到珠联璧合，才称得上有过硬的语言表达基本功。

（四）驾驭课堂教学的能力

虽然课堂教学包括"教师的教"与"学生的学"两个方面，但是，课堂教学是否成功，其关键还在于教师对课堂的驾驭能力。在课改背景下，多媒体教学已成潮流，但教师的粉笔字、写教案、板书、演讲等基本功的要求也不能降低。一个教师如果没有一手好的粉笔字，教案中没有一点个性化的思考，那么该教师就没有自己的特色可言。如果教师没有过硬的基本功，对于课堂中出现的新问题怎么去处理？一个教师是否优秀，关键在于他能否很好地驾驭课堂。不仅要能熟练地组织教学，圆满地完成教学任务，而且要会恰当地调控课堂教学的情绪，严格控制非智力因素的影响，不失时机地调动学生的学习积极性，牢牢把握教师的主导作用。

（五）控制感情的基本功

教师应该是热情而有理智的人，在教学过程中，必须保持愉快的情绪、饱满的精神和慈祥而平静的态度。但教师也是普通的人，对客观现象也会产生各种各样的感情，也会因好事而兴高采烈，因麻烦而苦恼忧伤。为了保证好的教学效果，教师要有控制自己感情的能力。当自己高兴时，不能在课堂上"得意忘形"，海阔天空地吹嘘或瞎扯；当自己苦恼时，也不能把不好的情绪带上课堂，把该讲的内容少讲或不讲，更不能把对某人、某事、某种现象的不满在学生面前妄加评论，乱发牢骚。一个有良好修养的教师，一走上课堂，就应该超越"自我"，忘记"自我"，完全投入，始终以热情而镇定的情绪，紧张而有秩序地进行教学工作，并用自己的良好情绪去感染、激励和影响学生。当某些学生不遵守纪律或以不礼貌的行为冒犯教师时，教师更要控制自己的情绪，绝不能因自己"有理"或出于"激愤"，对学生采取简单粗暴的态度。

（六）循循善诱、启发学生思维的基本功

同样一堂课，不同的教师去上，效果可以大不相同，关键之一就是看教师能否启发学生的积极思维。通常提到启发式教学，许多人只理解为"精讲多练"，甚至有些教师每堂课都按一定的时间比例来划分"讲"与"练"，好像"精讲"就是少讲，讲得多了就是"灌"，如果这一堂课是老师讲到底，没有留出时间给学生做练习，这就是"满堂灌"，这种理解是片面的。是不是"灌"，衡量的标准是看学生有没有学习的主动性和积极性，只要你启发有方，诱导得法，即使一堂课"讲"了45分钟，仍不失为较好的启发式教学。否则，你只"灌"了20分钟，后面25分钟的"练"，也只是形式的"练"，不过是"灌"的组成部分罢了。问答式诚然是启发式的一种好形式，但一方面要因内容而异，另一方面，同样是问答式，也可以毫无启发可言，所以不能形式地认为教师讲就是"灌"，问答就是启发式，只要能教会学生如何思考，培养了独立思考、分析问题、解决问题的能力，发展了智力，那么这就是启发式的教学。

(七) 勇于探索、创新的基本功

教学工作是一项富于创造性的工作，需要教师在积累中不断创新方式和方法，以适应教学形势的发展需要。教学虽有一定的规律可循，但在方法上却不能千篇一律、一成不变；教学内容虽然有一定的稳定性，也不能年年重复，教师讲课也不能照本宣科。加之教育对象年年在变，所以每位教师都不能拘泥于已有的教学经验，因循守旧，墨守成规，也不能照搬照抄别人、古人的教学方法，照葫芦画瓢。而应该充分发挥自己的主动性、创造性，勇于探索，大胆改革，根据自己的专业特点和特长，摸索出一套适合教学对象特点的教学方法来。

(八) 运用现代化教学手段的能力

随着教育现代化进程的不断加快，现代化教学手段在教学中的运用越来越广泛，对教学的促进作用日益提高，因此，对教师运用现代化教学手段的要求也越来越高。最基本的是要能熟练地运用多媒体进行教学。运用多媒体可以扩大教学容量，增强直观性，因而有助于提高教学质量。再进一步就是要能运用计算机和网络技术设计教案、制作课件。运用现代化教学手段进行教学，不仅是教学手段的更新，而且是教学理念的更新。因此，在新形势下，运用现代教学手段的能力就成为一名教师不可缺少的基本功。

(九) 教育科研基本功

实施新课改后，教师应该改变过去强行灌输的教学行为习惯，这客观上要求教师有一种批判、反思的科研精神，要求青年教师从经验型向科研型、复合型方向发展，要求教师符合新形势发展的需要。如果教师只停留在搞好课堂教学层面上，只是单纯一味地向学生传授知识，那么，最终充其量也就是一个"教书匠"。所以要成为一名优秀教师，不但要会教书，而且要积极参与重大课题的研究，从平时的教育教学工作中学会反思，及时撰写高质量的教育教学论文。所以，衡量一名教师教育教学水平高低的另一个标准就在于教育、教学科研成果。如果教师在教学的过程中，能够对产生的教育教学问题展开研究，形成认识，把它上升到理论上去，写成文章，最后将研究的成果运用于教育教学实践，以解决问题。一定能成为一个基本功过硬、深受学生喜爱的教师。

（十）教学评价基本功

传统上，教师对教学的评价工作不外乎评定学生学业成绩和期末总结自己的教学工作。新课程提出的发展性评价的思想，需要教师在学生评价方面除了掌握传统上以考试为主要评价手段的量化的、终结性的评价方法和技能之外，更需要学习新的质性的、形成性评价的方法与技能。发展性评价要求评价贯串教学过程的始终，要求评价充分体现被评价者的个别差异，要求被评价者的积极主动的参与，这一切都需要教师善于在日常的教学中观察学生的行为表现，学会运用一整套的技术即时记录学生的日常表现，收集和整理学生在各方面的评价信息，并有意识地发动学生主动参与评价，帮助学生形成自我评价的能力。通过学生对老师的评价、老师对学生的评价、学生与学生的评价，完善和促进评价体系，促进教师教学的改进，促进教师专业的成长，促进整体教学质量的提高，使教师在改革的实践中磨炼自己的评价"功夫"，使新课程改革不断发展，走向成熟。

(十一) 课程资源开发的基本功

传统上，我们总是习惯于根据大纲和教材来安排学习内容，但是新课程的实施不仅需要教师理解课程标准的目标要求，了解教材的知识体系和重难点，而且要求教师首先要了解学习主体的学习需要，了解他们已有的经验，了解他们的个别差异，然后根据他们的需要、经验及差异开发、选择或重组各方面的课程资源。新课程开发还需要教师不断反思自己的教学效果，不断根据反思的结果调整课程内容及教学方式。为了成功地开发适合本校学生需求的课程，教师需要掌握基本的课程开发和课程实施技能。如学生学习需求、评估技能、教材分析技能、开发和利用课程资源的技能、组织课程内容和安排教学活动的技能等。总之，新课程要求教师的课程开发与课程实施的基本功对所有教师来说是一个全新的学习和发展领域。

第四节 评课的方法

评课效果如何，方法很重要。方法得当，效果就好。本节将介绍几种基本的评课方法。

一、整体入手，综合评析法

综合评析法是指从整体入手，以定量和定性两种方式对一堂课进行全面的分析与评价。

定量指评课者通过一个评价量表来规范评价的要求，包括目标定位、教材处理、教学过程、教学效果、教师素质等几个项目，每个项目都有具体的指标。评课者只需以这些指标为依据，对这节课进行量化打分，最后得到本节课的量化结果。

现列举一个课堂教学评价表，评课者可以根据课型适当调整和修改。

课堂教学评价表（教师用表）

指标权重		指标细则	分数
教学思想 (20分)		体现"五突出"。即1.突出学生主体。2.突出过程方法。 3.突出合作探究。4.突出面向全体。5.突出思维训练。	
教学过程 (40分)	学生活动	1.各个层面的学生是否参与到教学过程中的各个环节，即全程参与。 2.学生参与的是表面问题还是深层次问题，主动参与还是被动参与。学生的注意力是否集中，是否会倾听，是否善交流，会不会独立思考，思维是否活跃。 3.学生能不能发现问题，并从多角度解决问题。 4.学生提出的问题是否得到关注，回答错误或提出的异议是否有人指出，正确的是否得到肯定和鼓励。 5.师生之间、生生之间、组组之间是否能够彼此交流和分享见解。 6.学生是否完成学习目标，能力是否得到培养，情感是否得到积极引导。 7.学生的学习方法、思维方法是否有变化；学生的求知欲是否增强；学生是否更喜欢老师。	
	教师活动	1.教师是否完成预设的教学目标，并在促进学生学习知识、培养能力的同时，关注学生的情感、态度和价值观。 2.教师是否重视学生协作精神的培养。组织学生围绕学习问题进行讨论、交流，鼓励学生人人都充分参与到学习之中。 3.课堂教学中，教师点拨是否到位，是否重视"四导"，即导兴趣、导学法、导思维、导规律。 4.教师是否善于培养学生的问题意识。 5.教师能否对学生的不同见解、技能和经验都表现出尊重，尤其是学困生。 6.教师能否对学生的课堂表现及时地进行评价，并指导学生自我评价。 7.教师能否及时调控课堂，活跃课堂气氛。	
教师基本功 (20分)		1.衣着得体、教态自然、有亲和力。 2.语言规范、标准，富于表现力和感染力。 3.能处理教学过程中随机出现的问题，有一定的教学机智。 4.板书工整合理，规范科学。	
评课人： 年 月 日			总分

定性指评课者凭借自己的教学经验和学识水平，结合听课中的理解与思考，定性描述这节课的特色与优点、问题与欠缺、意见与建议，以期客观、全面把握这一节课。评析时不需要面面俱到，而应突出重点，把握好评课的时机和空间。应反映现在教学改革的趋势，以引领教学的发展。

定性评析可以从以下几个方面入手：

1. 看教学目标

教学目标是否准确、具体，教学内容是否重点明确，难点恰当。授课教师完成教学任务，有无科学性错误，教学容量是否适当。教学过程是否体现知识与能力、过程与方法、情感态度与价值观的课程目标。

2. 看教学过程

教学活动是否设计合理，教学线索是否清晰，突出重点，突破难点，教学方法能否调动学生主动学习，让学生经历必要的学习过程，体验必要的实践感受。教师创设的情景是否合理，能较好地启发学生思维，处理好合作学习与独立思考的关系，联系生产、生活和社会问题。

3. 看教学环节是否紧凑，抓住关键，循序渐进，逻辑性强

处理好教材内容与补充内容的关系。精心设计课堂提问，安排学生思考问题的时间恰当，课堂应变能力强。教师重视组织学生参与课堂活动，重视培养学生的口头表达能力的训练，处理好探究学习与讲授学习的关系。

4. 看教师的基本素质

授课教师的普通话清晰、响亮，语言流畅、精练、生动，感染力强。教态自然，精神饱满，和蔼可亲；组织和调控课堂能力强；板书的设计合理，简明扼要，条理清楚，书写美观、规范；各种教学媒体应用得当；一些科目实验操作熟练，可见度大。

5. 看教学效果

一节课各个环节的时间分配是否合理，能否按时完成教学任务，有效地检测教

学效果，并及时调整教学方案。课堂学习气氛是否活跃，秩序活而不乱。老师讲解或学生发言时，全班学生能否认真倾听，积极思考。

综合评析法评课能够比较客观地对一节课的质量和教师的教学水平做出合理的评价，并通过对一堂课的特色之处、成功之处以及存在的问题进行深入、细致、理性的剖析，从而获得对教学的感悟和把握。它有利于执教者总结教学经验，形成教学规范；有利于听课者学习经验、取长补短，促进教学发展；也有利于学校领导、教研员全面把握授课教师的教学水平，实现教师发展。

运用综合评价法对评课者要求较高，一方面要能引领课堂教学的方向，另一方面能综合运用评课的方法。由于整体评价法能合理、全面地评价一堂课，因而它比较适合于比赛型、鉴定型的课堂与教师的评价。

二、化整为零，单项评析法

单项评析法是指评课者根据自己的观察，选择体会最深、感触最大、认识最明显的角度进行评析。不是针对一节课作综合评价，而是对一堂课的某个教学环节进行针对性的评析，以达到优化教学环节，提高教学有效性。

由于单项评析法只对某一教学活动或环节进行评析，所以可节省时间，突出主题。通过对某个环节的分析，可以反映出整堂课的基本情况和教师的教学状况。有时，我们也可以就相关课堂进行对比分析和跟踪研究，并通过对一类课堂的归纳与提炼，获得教学的新发现。

单项评析法可以从以下几个方面入手：

(一) 导课

导课是最基本的一个课堂教学环节，如果在每节课最开始的三五分钟教师能够充分地调动起学生的积极性，激发学生已有的知识储备，必将为接下来的教学环节营造良好的课堂氛围，能起到一石激起千层浪的良好效果。

案例3-1 外研版高中英语必修五第二模块A Job Worth Doing (Listening & speaking)

授课教师：大庆实验中学，邢亚男

导课部分，邢老师是这样设计的：

Step 1:Warming up

T:Good morning,boys and girls.This period is for listening and speaking.We'll practice a lot about listening skills and speaking oral English.First,I'd like you to look at these pictures and tell me what they are doing here.Try to guess what are their jobs ?You can choose any pictures according to the number and describe it.Got that ? Begin.

S1:a cook.

S2:a doctor.

S3:a biochemist.

S4:a pilot.

…

T:You have very good imagination.

Step 2:Brainstorming

T:Can you think of more other kinds of jobs?

Ss:teacher,engineer,politician,architecture,policeman……

T:Ok,you know so many jobs.Here I am going to give you some pictures and see whether you can name these pictures.

What do you think the man is ?

Ss:……

(Show some pictures of persons doing different jobs.Let students try to identify them. Besides,the teacher introduces students some new words,such as astronaut.)

T:Here we mentioned so many names of jobs.I'd like to ask you a question.What do you want to do in the future as a job?

评课：本节课授课教师通过图片和与之相关的头脑风暴导入"职业"这一话题，展示图片并不仅仅是让学生简单地看看图，而是通过视觉的刺激，调动学生们的背景知识和学习热情。如果学生不会表达图片展示的职业，教师要适时地引入新的单词。

案例3-2　外研版高中英语选修七第五模块Reading Practice:No Problem

授课教师：南开附中，潘臻

这是一节泛读课，授课教师也是用图片导入的。每出一张图片，老师问："What's this?"前几张图片学生都能很快地反应出相对应的单词，既激活了背景知识，又增加了学生的自信心。但当展示这张图片时几乎没有学生知道滑板车用英语怎么说，这时老师给出英文单词scooter，学生跟读，在图片的配合下，学生很快就记住了这个新单词。

评课：专家在评课时给了此部分更好的建议：老师读出scooter，但并不直接给

出单词,学生根据读音拼出英文单词,因为这个单词符合基本的拼读规则,学生能够很容易地做到,这样一来,能让学生更充分地融入课堂活动,对此单词的加工过程可以进一步加深印象,并且更大程度地调动了学生的积极性。

(二)教师引导

教师设计的每一个课堂提问都会事先考虑学生可能给出的回答,考虑学生的答案是否会向着本节课所需要的方向发展,因此为了使一节课的每一个教学环节都紧密围绕中心话题,完成对中心话题的横向和纵向的延伸,授课教师应有意识地引导学生的思路,使"预设"一步步走向"生成"。

案例3-3　外研版高中英语必修五第二模块A Job Worth Doing (Listening & speaking)

授课教师:大庆实验中学,邢亚男

听前预测部分,邢老师是这样设计的:

Step3:

T:This time we are going to do an interview.Listen to my rules very carefully.Four students work in a group.Every one of you is to interview the other three students in your group.You should ask them what you are going to do in your future and why.When you stand up,you should tell us what are their dream jobs in the future.I want to give you some tips.

(Show some key sentence patterns and difficult words on the board.Let students learn and practice using these patterns.)

Students do the interview actively.

······

T:I hope all your dreams come true.Now suppose the day really come,when you have to choose a job what do you care about ?

Ss:salary,working hour ……

T:They are all very important,but I want to remind you of something else.Look at the screen.They are all very important when you apply to your job.Some are new words and we will learn them together.

Contract:a legal agreement with somebody.

Career prospect:chance of success in a job.

T:Can you follow my example and explain it in English.(Get students to learn to paraphrase new words.)

Staff:a group of people working together.

Permanent:last for a long time or forever.

Temporary:last for a short or limited time.

T:These words are very important for you,for we are going to hear them in our listening part.Let's read them together and try to remember them.

Step4:Listening predicting (pair work)

T:(Show a picture of an job interview.)We are going to meet two persons here.The girl is Clare and the man is a manager.Can you guess what they are doing ?

Ss:……

T:They are having an interview,a job interview.Clare is applying for a job as a travel agency.

Now take out your pen and a piece of paper.Predict a question the manager may ask Clare.OK,begin.

Ss:……

T:Remember the sentence you wrote down now,because we are going to listen to part one.

评课:本模块听力的话题是值得做的工作,听力部分的材料是一段工作面试。为了提高学生的听力和阅读预测能力,授课教师在听前设计了两个活动,来简化听力的难度。Step3 Interview 是学生采访,学生四人一组,其中一人采访其他三名同学他们未来的理想工作,在此基础之上老师先肯定学生们的职业选择,再引导学生考虑选择工作时要考虑的因素。学生们会谈到一些方面,例如薪水、工作时间、工作环境……授课老师把握这个时机,又适当补充了一些听力材料里提到的一些方面,就业合同、员工学历、职业前景等。老师的适当引导既拓宽了学生的视野,又为下一步的听力铺垫了词汇,降低了听力的难度,一举多得。Step4Listening predicting 是正式的听力预测,有了上一步教师引导的铺垫,这一步的预测就是水到渠成,紧扣主题,本节听力课到此环节都体现了巧妙的、恰当的"自然生成"。在此过程中教师的引导毋庸置疑地起了重大作用。

（三）学生活动

课堂教学中教师是主导，学生是主体，好的课堂关注学生自主学习能力的培养。授课教师可以通过讨论、交流、辩论、竞赛等多种课堂活动形式，指导学生学会自主学习，学会自主评价。同时在课堂上教师应承认学生发展和理解能力的差异性，设计有梯度的课堂活动，让每个的学生在原有基础上、在不同起点上获得最优发展；承认学生发展的独特性，教师要尽可能捕捉学生身上表现出的闪光点，挖掘他们潜在的优势，让每个学生形成独特而鲜明的个性。

（四）板书

由于多媒体的广泛应用，很多教师已经很少用黑板。但多媒体也有它的局限性，先看过的幻灯片不能一直展现在眼前，幻灯片切换速度快，很多学生走马观花，记不住实际内容。为克服以上弊端，教师应多用黑板，理清重难点、易混点。因此，授课教师的板书是评课的一个必要方面。如果没有多媒体，教师也要有与学生一起在黑板上耕田的能力。

好的板书首先要设计科学合理，依纲扣本；其次要言简意赅，有艺术性，还要条理性强，字迹工整美观，书写娴熟。

单项分析法能有效开展教学评析，针对性强，也利于教师的操作，它着眼于教师的一点一得。这种方法较多应用于校本教研中主题式研讨，适用于研讨型、诊断型、观摩型的课堂分析活动。

三、沙里淘金，特色鉴赏法

特色鉴赏法是指对一堂课中的某些与众不同的、新颖独特的做法与创新之举进行评析。

一节课的教学特点既是执教者教学成功的闪光之处，又是区别于其他人的创新之处。评课者发现它、捕捉它、总结它，能够抓住一节课执教者的教学特点和风格。

实施特色鉴赏法的关键是特色能否有效提炼，鉴赏能否引起共鸣。评课的立足点是鼓励教师的教学创新，挖掘教师的教学亮点。我们可以从教师的语言、教学组织上发现特色，也可以从教学活动的设计与实施上提炼创新之举。如在情境创设、教学活动、练习设计等方面值得评课者认真地评析。

案例3-4　外研版高中英语选修七第五模块Reading Practice：No Problem.

授课教师：南开附中，潘臻

这是一篇篇幅较长，生词较多的故事，授课教师选择这篇文章较全面地讲解了高考阅读的各种题型和解题技巧。潘老师的快速阅读授课流程如下：

Fast Reading：

1．Where did the story happen?

2．How many characters are there in the story?

3．What problem did the author have?

4．How was the problem solved?

Please find ONE or TWO sentences from the text for each picture.

评课：潘老师本节课配合阅读的各个步骤，自己用计算机辅助制图绘制了多幅图片，使难度很大的泛读文章变得形象生动，及其巧妙地配合了教学的各个环节。特别要强调的是高中英语教学采用教师自主绘图的教学案例非常少见，所有听课教师都感觉耳目一新，并恍然大悟，原来这节课还可以这么上！教师自主绘图配合课文教学可以说是一大亮点，评课专家或教师就可以抓住此亮点，并进行探讨，讨论出手工绘图的更多应用及如何更好地利用图片。

特色鉴赏需要评课者有宽广的胸怀和敏锐的眼光，善于发现并洞察每一教学活动的创新之举。评论时要把理论说得朴素些，把实践说得理性些，要把这些"特色"置于整节课的环境中来分析，挖掘现象背后的教育价值和理论基础，揭示教学中规律性的东西，弘扬执教者的个性、特点和风格。

评析时，首先要求评课者能够发现执教教师的特色所在：哪些方面与众不同，哪些地方有创新，是否引起你的共鸣，值得你反思；其次，要分析这些特色是否对教学起到积极作用，是否符合现代教学改革要求，教学活动的科学性、有效性如何；同时，要看这些活动是否激发了学生的有效学习和思维震荡，是否促进了学生的发展。

特色鉴赏法有利于发现教学人才，有利于提炼教师的新经验、新模式和新方法，也有利于引领教学改革的方向。特色鉴赏法评课适宜示范型、观摩型的课堂评价活动。

四、以果溯因，揭示规律法

揭示规律法评课是指以评议手段，揭示规律，形成风格。它是以执教者为主体，关注的是教师教学风格的形成，教师专业水平的提高。评议重点不在于"讲课"，而在于塑造"人"。只有教师发展了，教学才有进步，实际上这应该是我们评课的出发点和归宿。

采用揭示规律法评课时，我们要把握好两个方面，一是根据教师发展的要求和教学的规范，并结合教师的年龄和教学特点，规划教师教学发展的方向。二是通过对课堂教学的评议，发现教学中存在的问题与教师的潜能，帮助执教者找到适合他们个性的最佳教学行为，提炼并逐渐形成自己的教学风格。

案例3-5 外研版高中英语选修七第五模块Reading Practice：No Problem

授课教师：南开附中，潘臻

教学目标

1.通过快速阅读文章，学生能够大致了解故事梗概（when，where，who，plot…）。

2.通过进一步阅读，学生能够尝试用英语复述课文。

3.通过仔细阅读，学生能够回答关于文章的细节问题。

4.通过问题的设计，引导学生用正确的阅读策略寻找文章主旨大意，体会作者写作态度，指导学生利用上下文线索对难懂或不认识的词汇进行推测。

教学策略

教学方法：使用交际法，充分调动学生的积极性，积极参与到课堂教学中，通过师生互动，完成各种任务，以达到完成教学任务的途径。

教学过程

第一步 导入

利用交通工具的识别引出故事。

第二步 阅读文章

Fast Reading：

1.Where did the story happen?

2.How many characters are there in the story?

3.What problem did the author have?

4.How was the problem solved?

Summary：

Could you use just one single sentence to retell the story?

Details：

1.In paragraph 4,what does the word"soul" probably mean?

2.Why didn't the author come out the car immediately when he saw the old woman?

3.Who is the man in the photo?

4.What's the purpose of the author writing this passage?

5.From where can we probably see this passage?

第三步 阅读策略总结

What we learned today：

1.From where can we find the main idea of the passage?

2.From where can we find the main idea of a paragraph?

3.How can we know the feelings of the author?

第四步 巩固练习

通过提供两篇课外阅读文章让学生对所学阅读策略进行巩固练习，加深印象。

第五步 教师总结评价

第六步 布置作业

让学生回家改写课文，字数符合高考要求。

第三步阅读策略总结部分，潘老师配备了相应的高考阅读题来应用、巩固、练习。

Extra exercise：

Main Idea

例文①：2011天津 B

I am not special, just single—minded. It always struck me that when you're looking at a big challenge from the outside it looks huge, but when you're in the midst of it, it just seems normal. Everything you want won't arrive in your life on one day. It's a process. Remember: little steps add up to big dreams.

Q: What dose the author mostly want to tell us in the last paragraph?

A. Failure is the mother of success.　　B. Little by little, one goes far.

C. Every coin has two sides.　　D. Well begun, half done.

例文②：2009宁夏，海南，全国I，E

Sunday, October 5

Clear, 69° F

My wife, Eleanor, and I took the train from Paris to Strasbourg, where we were met by our driver and guide, and the minibus which goes along with the boat. We stopped off in Barn for an hour on the way. Then we were taken to Nancy where the boat was kept.

After the other passengers arrived, we had our first dinner on the boat. After dinner we walked into downtown Nancy, a village with a large square and wooden houses.

Monday, October 6

Rained last night, cloudy in the morning, 69° F

We spent about two hours in Nancy, then sailed on the Canal de la Marne au Rhine. Kind of a lazy day, eating breakfast, lunch, and dinner. After dinner we watched a tape on Baccarat, where we will visit tomorrow.

It was pleasant to sit out on deck (甲板) and watch the scenery go by at about 3 mph.

Tuesday, October 7

Light rain, 64° F

This morning we drove over to Baccarat and toured its museum and the church, which has this unbelievable lamp that is going on a world tour the next day. We did lots of shopping, then walked across the bridge to see a very, very modem Catholic church with special Baccarat windows.

We drove to the top of the Voges Mountains and started down the eastern side. Later we drove to Sorrenbourg to see the 13th century church at the Cordeliers. It contains the largest window by Marc Chagall — 24 feet wide by 40 feet high.

Wednesday, October 8

Cloudy, 65° F

Today we sailed from Schneckenhush to Saverne. We went through, two caves, and extremely unusual pave of the journey. This river scenery is very different. We were in a mountain valley with grassland on one side and a forest beginning to show some color on the other.

Thursday, October 9

Cloudy, 66° F

Our dependable minibus was waiting to load the luggage and take us to the hotel where everyone went their separate ways, Our boating days are over until next time.

Q: What does the author think of the tour?

A. Tiring.   B. Expensive.   C. Enjoyable.   D. Qute

评课：英语教学专家对此节课非常欣赏，给予了高度评价。授课教师按照学生的认知规律，精心选取并利用了选修七的这篇泛读文章，把高考阅读试题的各种题型设计到每一步课堂活动中，在学生解决问题的同时渗透阅读技巧和策略，找到问题的答案后，老师和学生一起总结答题规律，把本节课上升为一节泛读的立模课。外研版新标准英语教材设计的泛读课文目的就是要训练学生的的阅读技巧，并应用到平时的实际生活中和考试中。所以，授课教师可以总结这样的泛读课教学模式：先阅读，然后总结规律，再练习应用。

教师的发展是学校和教研员的工作中心，揭示规律法在帮助教师建立教学规范、积累教学经验、形成自己的教学风格上发挥着积极的作用。当然，此法对教师的教学塑造不能仅仅依靠孤立的一节课，而要经历长期跟踪评议，以获得教师的最优发展。这种评课方法常用于日常听评课活动中，也适用于不同类型的教师培养过程。

五、评研结合，教学诊断法

教学诊断法是针对教学中存在的问题所开展的研讨评析，并通过这一活动获得对教学问题的解读与解决。

诊断法评析的问题可以通过三个途径获得，一是学校教师日常教学或听课中发现的教学问题，二是学科教学中普遍性的问题，三是根据教学发展的需要落实某些新的教学思想方法所提出的教学问题。

这是一种开放性的评课活动，也是一种开放性的研究任务。它强调的不是给课的优劣下结论，而是从课中产生一些研究的课题，使这节课不是教学研究的终点，而是教学研究的起点。我们可以就新课程教学实践中出现的问题，提出解决方案并实施，然后根据教学活动进行分析探讨，进而形成问题解决的策略。

运用教学诊断法，一方面要把握好现阶段教学实践中的热点问题，如当前在实施新课程的过程中如何处理好全面发展与个性发展、传统教学方式与现代教学方式、注重过程与关注结果、预设与生成等问题；另一方面要把本校教师在教学实践中的疑难与困惑提炼成教学问题，开展校本研究；并通过实践、研究、再实践、再研究的过程来改进教学。这种评课活动，有利于教研氛围的形成，有利于澄清一些模糊或不当的认识与做法；有利新思想、新方法的落实。由于它非常具体地提出或解决了教学中的问题，为此，这种方法常运用于校本教研活动、教师教学以及学校课题研究中的教学研讨活动等。

六、综合运用，解读评点法

解读评点法是对课堂的解读与评点，包含二层意思，一是诠释备课与教学的意图，理解教学思路；二是对教学过程的评析。使用时通常将一节课划分成若干环节或段落，按照"总—分—总"的思路进行剖析。并通过阐明本节课的背景，分析每一环节的作用与得失。

为了有效分析课堂教学结构，研读教师的教学状况，我们可以针对某节课进行解读与评析。首先是背景分析，包括说明设计这节课的理论依据，明确这节课所要解决的教学问题，开展教学内容与学生情况分析，并提出针对性的教学设想和措施。然后将这节课的课堂实录进行环节分析，环节分析不要面面俱到，应该选取典型的、适宜提出研究课题的环节。可以从这一环节在整个教学中的地位和作用是什么，教学价值如何，为什么这样实施（设计），这样实施（设计）的依据是什么，情境创设是否有效，是否激发了学生的学习兴趣等进行分析，还可以包括对这一环节的改进建议。最后就全课作出总的述评：这节课设计上是否有效实现教学目标，教学效果如何，教师的教与学生的学有什么特点，教学上有哪些可以发扬的地方，哪些可以改进与探索的地方，围绕本节课还可以作哪些新的构想与进一步思考的问题等。

通过解读评点法评课，有利于研究课堂结构，形成教学规范。我们通常在教学示范课、展示课中运用解读评点法进行评析。解读评点法可以对某节课的教学实录进行剖析，也可以就某节课的教学设计进行解读评点，这种评点方法在我们的教学杂志中时常可见。

评课流程先总体评价，再具体评价。以上几种方法既可以独立使用，也可以综合运用。评课方法的选择与个人的教学经验、上课的课型、场合和评价对象有关。在具体的评课中，授课者或评课者可以采用以下具体方式，如自我评价、"零距离"面谈、师生合评、组内讨论、发展跟踪或专家"临床会诊"。只有经过多种形式的综合运用，才能完善课堂教学，培养教师的基本功与驾驭教材和课堂的能力，锤炼出一节好课和好的课型。

第五节　评课的原则

评课的目的是加强教学常规管理，开展教育科研，深化课堂教学改革，推进教师专业水平提高，进而为促进学生发展创造条件。作为教学活动的延伸，科学、客观、全面是评课活动的本质性要求，评课所要遵循的原则是针对这一特定的教学活动如何实现其科学、客观、全面所要依据的准则。因此，必须围绕教学指导思想，依据教学活动的客观规律，以促进课堂教学发展为目的来确定评课的基本原则。在进行评课的过程中，只有很好地掌握、贯彻评课的原则，按评课的客观规律，才能有效地实施科学、真实的评价，提高评课工作的质量。

一、导向性原则

评课的导向性原则，就是指评课工作要对课堂教学的发展起到指导和牵引作用。评课是以教学发展方向为基本导向，是实现教学改革发展的一种有效的促进手段。教学活动始终是一个动态发展的过程，不断的更新发展是教学工作的常态。特别是随着信息技术的飞速发展，社会环境、教育理念、学习手段的不断衍进，引发了课堂教学的深刻变革。如何适应时代对教学工作的客观要求，贯彻"以人为本"

的思想，实现课堂教学的科学发展，这是评课所要具有的思想性引导；另一个方面，如何运用灵活有效的教育教学方法，如何提高教育教学的基本能力，如何适应不同的教学对象，对授课者给予直接的帮助和指点，使其不断地发展完善，这是评课所要具有的技术性引导。

遵循导向性原则，首先对评课者的教学理念提出了更高的要求，一定程度上使评课活动由单方面的指导与被指导，转换成为双方共同的考评。作为评课者，要具有用新课程理念指导教育教学、树立"以学生发展为本"的新课程观；让教师真正地成为课堂教学的组织者、引导者、参与者和促进者；在教学方式上要注重以学生为主，突出自主、合作、探究的教学方式，提倡交流与合作的学习；以促进学生自主学习、提升学生学习品质和学习能力为重点的教学思想。使之在评课过程中确立一个科学的参照系，形成正确的方向导向。其次，对评课者的专业素质提出了更高的要求。教学活动的核心素质是专业素质，评课活动是以评课者已有的专业知识、教育理论素养为基础。评课活动是评课者在已有知识储备背景下对教学行为的认知与评判，只有站在较高的教育理论起点上，对教学内容有全面、深入的了解，同时还要具备较强的教学能力和丰富的实践经验，才能对授课教师的教学行为和学生的学习行为有一个正确的认识与把握，才能对课堂教学从理解认识、教学思路、方法手段、技能技巧等方面给予指引和指导。

二、共鸣性原则

评课的共鸣性原则，就是评课者要打破固有的思维定势和教学模式，积极主动与授课者寻求切合点和共同点，努力在教学思想、教学方法手段上寻求共鸣，进而实现科学准确地理解授课者的教学思维、教法运用，提高评课的质量。由于授课者教育理念、学术背景、教学经验、个性思维等方面的差异性，决定了对同一个授课内容有着千差万别的理解和认识，也就决定了教学设计的差异性，"同课异构"也就成为必然。同时，每一个教学内容的教学设计，都需要授课者深入地理解认识、积极地开拓思路、精心地建构设计，每一节课都是思维与智慧的结晶。因此，作为评课者必须打破固有的思维定势和教学模式，努力在教学理解认识上与授课者保持一致，积极探寻授课者课堂教学的科学价值，确保评课的科学与公正。

贯彻共鸣性原则，首先要防止先入为主的观念。评课者的身份是一个"评判员"、是一个专业指导者，其本身对教学活动已经有一个基本的理解认识，甚至是具有深厚的专业素养和丰富教学经验的老教师，其专业知识与实践经验一方面能够帮助其以专业视角，迅速准确对授课活动给予评判，另一方面也可以使其带上"有色眼镜"，对授课者的个性化、创新性教学思维和教学设计产生排斥甚至抗拒心理，影响了评课活动的客观性与准确性。因此，作为评课者要有"换位意识"，要有意识地站在授课者的角度，积极理解其教学理念，认识其教学设计，努力打破思维中原有的"定式"和条条框框，使自己的教学思维与授课者产生同频共振，实现对授课行为的正确认知。其次，评课者要有开拓创新精神。评课者要始终具有自我突破和自我超越意识，使自己的教学思想始终保持活跃状态，对新的教育理念、教学方法、教学手段的运用能够敏锐地感知，以专业素养对授课行为进行评定。

三、规范性原则

评课的规范性原则，就是评课活动必须依据相对稳定的执行规则和评判标准来实施。评课是教学质量分析行为，首先应该有一个检验标准，这就如同一种产品的质量验收，应该有一个相对一致和稳定的质量标准一样。同时，在检验过程中需要有稳定统一的程序和方法、步骤，不同学科、不同年级、不同地区在评课的标准上可能存在不同，但基本的实施程序应该有相对的一致性。教学活动一定程度上是个性化的活动，正所谓"仁者见仁，智者见智"，但个性化的活动并不是无原则、无标准、无依据的信马由缰和天马行空。反之，评课活动也具有同样的属性，因此规范性就是科学评课以及使评课对象具有可比性的基础。

实现评课的规范性，一方面取决于评课者的专业素质，另一个方面取决于评课活动的组织领导。评课者的专业素质主要体现在对教学内容的认识掌握方面以及对评课活动本质内涵的理解和认识。对教学内容的精熟，使其在评课过程中始终能够抓住要点、把握核心，能够始终对考评对象的教学行为进行有效掌控，对各个考评对象能够进行准确的横向比较；掌握评课活动的本质内涵就要对教学目标、内容、过程、方法、效果以及教师素质在教学进程中的具体表现有一个清楚的认识，使评课紧紧围绕实现其价值展开，使"评"始终为"教"提供服务。评课作为教学管理、教学研究行为，其组织领导是实现规范性的有效保证。对评课者进行规范统一培训，对评课活动明确具体的标准要求，是实现评课活动规范性的有效途径。再者，评价者要努力避免、克服主观随意性，在评价过程中，要积极采取相应的措施，防止一些不良的心理效应影响评价过程及评价效果。如果评价是客观的，可以更好发挥其激励作用，使评价对象信心增大；如果评价掺杂偏见、个人感情等主观因素，就会挫伤评价对象的积极性，造成评价者与评价对象双方心理平衡失调，影响评价的效果。

四、以学评教的原则

评课的以学评教原则，就是紧紧抓住"学"这一核心行为，"学习效果"这一终极目标，以教学活动所能达到的实际效果作为评课的重要元素，以通过关注教学活动的价值来实现评课活动的价值。以学评教是对传统评价课堂教学视角的转换与更新，是现代课堂教学评价指导思想的具体表现。实践是检查真理的唯一标准，教学效果是检验教学质量的根本性指标，评价教学成败最重要的标准应是学生的学习效果。教与学既是独立的，又是不可剥离、相互紧密联系的有机整体，以学评教是追求行为与目标的一致、过程与结果的统一。

贯彻以学评教的原则,就是要确立学习效果的指标意识。转变关注方向,扩展关注范围。评价教学成败最重要的标准应是学生的学习效果,评课者应从关注"如何教"转向关注"如何学",从关注"教得怎么样"转为关注"学得怎么样",以学生的"主体作用"发挥来评定教师的"主导作用"。教师素质高低、教学环节是否完整、教学方法是否得当、教学任务是否完成最终要体现在学生的学习上,主要看学生的主体地位是否得到充分体现,学生是否学得轻松、学得自主,学生有没有"学会",是不是"会学"。具体来说评课应着重关注学生的情感状态"是否有适度的紧张感、愉悦感"等;参与状态"学习是否主动",回答问题和发表意见的广度与深度等;交往状态"教师与学生、学生与学生之间信息交流和互动的情况"等;思维状态"学生发现问题、提出问题、探索问题"的能力及其所提问题是否具有独创性和挑战性等;效果状态"是否真正掌握所学内容并能灵活运用"。简单地来讲,就是要将课堂教学中教师的教学行为以及学生的学习行为都纳入到观察的视野中来,并以学生的学习行为作为评价教学活动的核心要素,这种评价视点的转变是教师实现评课专业化的一个带有方向性的基本前提。

五、诊断性原则

评课的诊断性原则,就是要求评价者依据评价的目标及评价的标准,对评价对象的专业素质、教学行为等有关信息进行科学的分析与判定,拿出详细具体的肯定与否定意见和改进的方法措施,分清评价结果的优劣,促进今后课堂教学的提高与发展。所谓"诊断",就是在教学活动中,检查教学活动某一状态是否正常,某一环节是否科学,某一手段方法的运用是否合理以及综合反映出教师素质、教学设计等情况,并为下一步教学实施、教师个人的成长发展提供相应改进措施,从而保证教学活动的顺利进行,促进教学质量和教师素质的不断提高。纵观评课的全过程,始终包含诊断的因素,始终包含对教学活动定性与定量的分析,评课的过程就是一个诊断的过程。每一堂课都具有自身的价值，同时也存在着缺点和不足，找出优缺点才能得到不断的发展和完善。

遵循诊断性原则，首先就应明确诊断是为了"治疗"，是实现发现问题与解决问题的统一。医生的医疗活动是以发现病症、探明病因、拿出治疗手段，最终治愈为目标，评课活动与医疗活动的行为过程与目的具有相似性。评课者作为评价主体，运用有效的评价技术，对照评课标准，对评价对象做出客观的分析判断，肯定成绩，指出优长，找出问题和不足，指明原因并明确应采取的措施，从而提高课堂教学的质量，全面改进教学工作，这正是评课的根本性目的所在。在评课中诊断性是不可或缺的，是保证评课质量的关键，指出存在的各种问题和缺点，对各种优点加以确认，能够有效帮助教学者排除影响教学活动的障碍，确定今后努力的方向和措施。同时，在贯彻诊断性原则中要注意具体化和具有可操作性，决不能空讲道理不讲事实，只讲现象不讲行为，只讲存在问题不讲原因和对策，要对教学活动和教师的成长发展给予直接具体的指导和帮助。

六、激励性原则

评课的激励性原则，就是评价者要以充分发挥评价的正向引导作用、以充分调动评价对象的主观能动性为目的，通过语言、情感和恰当的表达方式，积极挖掘和发现教学的设计及组织中的优点，对评课对象给予充分的肯定和鼓励，使评价对象获得成功的体验，获得自我发展、自我提高、积极向上的动力。一位著名教育家曾说过："教育的奥秘不在传授，而在激励、唤起和鼓舞。"激励性评价的基础是爱、关心和帮助，评价是一种表现形式。只有激励性的评价才能使评价对象能够主动接受并乐于接受，才能充分调动他们的潜能，激发他们的内在动力。尤其是对于一些青年教师，如有几次成功的课得到恰当的评价和鼓励，可能会是他们不断提高自我、今后成为教学能手的直接动力因素。

贯彻激励性原则，首先要科学确定评价标准，在制定评价标准时，要坚持从评价对象的实际出发，坚持从现有的客观条件出发，不过高也不过低，使大多数评价对象都能通过努力实现目标，使评价对象看到发展提高的希望，进而为之努力。其次，要注意发现和挖掘课程中的"闪光点"。既要横向比较看现在的水平是什么，也要纵向比较看水平提高多少；既要充分肯定成绩，也要对创新精神、创新意识、创新实践给予积极的鼓励，对他们给予精神上的支持，进一步增强开拓进取的信心。最后，应注意到运用激励的导向作用，通过进行横向拓展，可以达到评一节课促进多堂课，评一个人激励一批人，评一门课推动多门学科。使评课充分发挥出以点带面的联动效应。

第六节　评课实施应把握的问题

评课的实质是指对课堂教学的成败得失及其内在原因做出客观的分析和评议，并且能够提升到教育理论的高度对授课行为进行解读和认识，是教育实践与教育理论交互运动的过程，是课堂教学不断发展提高、教师素质不断优化的一条基本途径。科学化的评课对提高课堂教学质量、提升教师教育教学素养、进一步加强和深化新一轮课改有着很强的现实意义。在新课程课堂教学评价的理念上，评价者要与上课教师一样，认真领会新课标精神，遵循评课活动的基本规律，作新课程改革的指导者和促进者。

一、评课中存在的问题

(一) 教育教学观念更新缓慢

随着新课改的实施，教育教学理念发生了深刻的变化，努力探索实践新课标，已经成为广大教师的共识，因此，课堂评价者教育理念的更新也就成为必然。但是新的教育理念的形成与教育实践的结合，需要一个逐步发展的过程，新旧教学理念的交织与共存成为了现实。因此，课堂教学的实施者与评价者的教学理念更新不同步，必然会出现评课观念与评课标准的冲突。如果课堂教学评价者教学理念更新缓慢，必然会影响其正确地实施课堂教学评价。传统的教学评价与新课程理念下的教学评价的比较：评价目的上，传统的教学评价以甄别为目标，鉴定他们在群体中的位置（把学生分等级，教师评优），新课程的教学评价以对存在的问题反思、分析、改进，共同寻求教师和学生发展（即发展性）；评价标准上，传统的教学评价重视教师的权威性，重视终结性评价，分数是杠秤，新课程的教学评价体现课改的三维目标；评价主体及其之间的关系上，传统的教学评价处于思想深处对峙状态，新课程的教学评价，强调平等、互助、理解、合作与交流；评价方式上，传统的教学评价是"一元化"，目标一元、评价主体一元，评价方式单一浅显（课堂教学评价仅停留在对课堂活动的浅层判断上，关注自己的教学计划是否完成，忽视学生学习的兴趣、效果等），新课程的教学评价是"多元化"，评价目的多元，重视评价结果对被评价者的反馈，特别是被评价者对这一结果的认同及切实对已发现问题的改进，评价方式多元，教学评价（现场评课、录像评课、调查学生）、学习评价（口试、听力测试、笔试、非测试型形成性评价）、评价主体多元（教研员、教师个人、教师之间、学生、同学及家长）；评价内容上，传统的教学评价是课堂评价，注重教师教、学生学习评价，重视知识与技能评价，新课程的教学评价是课堂评价，注重教与学的同时更关注学生学。学生学习评价包括知识、技能、学习情感、学习策略和跨文化意识；评价功能上，传统的教学评价是甄别、选拔功能，新课程的教学评价是选拔、诊断、激励（激励学生的学习兴趣和积极性，充分发挥其学习潜能）、发展（为教师和学生发展服务）。

（二）对课堂教学苛求完美

课堂教学的功能是什么？课堂教学具有多大的承载力？这是我们评课所要明确的。回顾教育目标发展经历了五个阶段：第一阶段："加强基础知识和基本技能的教学。简称为加强'双基'教学。"第二阶段："不但要加强双基，还要培养学生的能力。简称为'加强双基，培养能力'。"第三阶段："不但要培养学生的能力，还要发展学生的智力。简称为'培养能力，发展智力'。"第四阶段："不但要发展学生的智力因素，还要发展学生的非智力因素。简称为'智力与非智力因素同时发展'。"第五阶段："强调知识与技能，过程与方法，情感态度与价值观这三维目标。简称为'重视三维目标'。"教育目标的发展变化是与我们对教育本质与特点规律认识的不断深入同步的。但是我们不能把教育目标与课堂教学目标等同。更不能要求在一节课中要达到所有教育目标。这是一个整体与局部的关系，是一般与特殊的区别。目前我们的评课标准中，存在着将"探索发现与过程体验"、"基础知识与基本技能训练"、"合作交流与独立思考培养"、"学科知识与生活联系"、"学科知识结构内部关系"等方方面面的要素都融会到课堂教学的评价量表中，以此作为评的标准和依据，可谓项目繁多，面面俱到。想用完美的标准来评价课堂教学，一方面超出了课堂教学的时间、空间的承载能力，另一方面也可能超出了教师与学生的实际水平，既不符合客观规律也不符合客观事实。

（三）不能正确把握形式手段与教学效果的关系

随着新课程改革的不断推进，研究性学习、开放式课堂、互动式教学、多媒体手段运用等新的教学思想、教学形式和教学手段得到了全面的发展和应用。通过广大教育工作者的积极探索实践，课堂教学由原来的"静态封闭"向"动态开放"转变，由单纯的单向灌输向积极热烈的讨论交流、深入的研究探索发展；由单纯的语言讲解向视频、图像、网络多维手段拓展，大大提高了信息传输的速度和质量，增大了课堂教学的信息量，缩短了讲授时间；促使学生从多个方面、多种途径吸取营养、获得知识，促使学生动脑思考，进行分析对比，进而由此及彼，由表及里地去追根求源，开发锻炼了创造性思维和独立思考、分析判断问题的能力；通过声、像、文等综合信息，调动了学生多种感觉器官，加深对知识的理解和记忆；充分发掘学生学习的内驱力，使学习由被动变主动，真正成为学习的主人，提高教学效率，得到了全面的培养锻炼。教学形式手段的发展对课堂教学的促进作用是毋庸置疑的，也使其成为评的一个重要的因素。但是，随着教学形式手段的发展变化，也使评课产生了一些不良的倾向，即课堂氛围是否热烈、多媒体手段运用得好不好、教学形式对传统的颠覆性大不大成为课堂教学能否成功的重要标志，使教师在教学准备上把精力主要投入到如何组织学生研究、讨论，如何活跃课堂气氛，如何制作精美的教学课件上了，对提高教学效果等深层次的东西挖掘不够，导致一些公开课、竞赛课变成了研究讨论课和课件演示课，热热闹闹、轰轰烈烈而最终的教学效果却不能保证。教学形式手段为教学效果服务的本质是永远不能变的。

（四）不能正确定位教师与学生的关系

在课堂教学中，教师处于主导地位，学生处于主体地位，这是我们对教育的本质属性认识不断深化发展所得出的结论。传统的评课中，把老师作为重心，注重于评定教师的自我展示，评价标准也是围绕评价老师的自我展示所设定的。传统的课堂教学评价指标可以说十分完备，而且每一项指标几乎都有固定的要求，诸如，"教学目标明确"、"教学进程安排合理"、"课堂提问精炼"、"多媒体运用恰当"、"板书设计美观"、"教态自然"、"语言流畅"等。结果我们会发现，许多观摩课中的不少环节就是为迎合评课标准而设计的。而随着新课程的逐步推广，评课又出现了向另一个极端发展的趋势，把重心向学生偏移，注重于评定学生的自我展示。教师在教学过程中设置很多问题情境，师生之间、生生之间有问有答，或讨论或交流，教师将课堂组织得"热闹非凡"，将学生调动得"兴趣盎然"，强调学生自主、合作、探究、创新学习。这两种现象都有其合理的一面，但其局限性也是非常明显的。在新的教育教学思想下，如何定位教师与学生的关系？应该说教师的主导地位与学生的主体地位是不变的，关键是要理清二者之间的逻辑关系。学生的主体地位是要通过教师主导作用的发挥来实现的，教师的主导作用不仅仅是组织课堂教学，更主要是能够引导不同类型、不同特点、千差万别的学生学会学习，进行自主探究，达成教学目标。教师作为评课的核心对象是始终不变的。

二、评课实施的要点

(一) 要充分准备

这是评好一堂课的基本保证。包括听课前准备和听课过程中的准备两个阶段。听课前要做到：要掌握教学大纲和教材要求；要了解上课教师的教学特点；要了解听课班级学生的情况；要掌握教材中有关的教学内容，进一步了解、明确课题内容在所处教材中的地位作用、编写意图及课题背后的潜在意义，这样可以确保评议时紧紧围绕教材、不偏离主题，确保分析评议时能够做到心中有数，能够充分地发现优长、找准问题。这样才能为听课奠定一个良好的基础。听课中的准备是做好课堂教学观察、掌握授课的第一手材料。评课教师要有一种双重角色意识，既作为一名评议者，也作为一名学习者，从多种角色的角度去接收课堂信息，去体会和理解课堂教学，仔细体察认识师生的行为，及时准确地记录教学内容。听课记录要与教学流程同步，根据不同的课型、内容、课堂结构、组织方式和师生互动的具体情况，把握整体脉络，要记其全貌，又要区分主次详略。记录时可采取"标题式"与"实录式"相结合，可以采取"符号标示"与"主题词"相结合，对于重要的课程可以采取录音录像等实录手段。评课是听课的感悟、理解与分析，需要对课堂教学进行系统整理，有一个归纳概括、提炼升华、分析评议的过程，只有充分准备才能做到科学评议。

(二) 要注重分析

评课的核心是对课堂教学的评议分析。教学分析的内涵是丰富的，分析的方式也是多样的。一是教材内容处理情况。教材内容只是原材料，必须经过深加工才能应用于课堂教学。因此，教师对教材的合理处理必须是在理解教材编写意图、准确定位教学目标、密切联系教学实际的基础上进行的，不能照搬照抄，原封不动地拿出来用，也不可盲目地求新变异、随心所欲地处理教材，要在反复研究、深入的思索中决定怎样处理使用，探索调整创新的思路和方法。

二是教学目标的确定与实现思路。教学目标的科学性与实现思路的科学性是教学质量的重要保证。教学目标的科学性一方面要看其与教材编写要求的吻合程度；另一方面要看其与学生现实基础的吻合程度。从当前开展的评课议课活动的实际来看，评课基本上看不到授课者对教学目标确定的有关资料，提前也不了解其教学实施中目标导向的意图，基本是靠自己的实践经验来理解认识或者是在听课过程中理解和领会。评课目标的认识离不开课堂教学实践，在听课中判断课程目标确立是否科学，是否清晰明确，有无"降低"或"拔高"的问题，是否体现了"知识与技能、过程与方法、情感态度与价值观"三维统一的发展性教学。评估教学目标的实现思路，主要看教学活动的组织与教学目标是否具有一致性，意图、指向、组织、引导的方向是否明确以及按照实现思路实践所引发的课堂教学效果，对学生学习实践带来的影响，学生对教学活动的热情、参与度、学习体验情况，是否真正体验到了学习的成功和快乐，是否具有广泛的适用性，这些都是评定教学目标实现思路的具体依据。

三是教学实施次序与教学素材的选用。课堂是一个有机的行为结构。它的行为次序，必须根据学科自身特点、内容的特性来构建。这种授课行为次序以及具体授课中各类理论架构、辅助资料的综合运用会产生与之相应的教学效果。因此，一般来说教学可按照"情境引入——感悟理解——比较巩固——具体应用"四个序列进行操作。计算与解决问题的教学，一般依据"建构主义"提出的"同化与顺应"的认知方式，采取"训练迁移——尝试解决——交流反馈——总结概括——巩固练习"的课堂结构组织序列。对于一堂课的整个组织而言，又有主次之分、轻重之别，其主环节（新知教学）通常又按由浅入深的几个序列推进。有序清晰的课堂组织有利于把握课堂节奏，调整教学时间。在充分考虑"清晰立序"的同时，如何选材，也是评议课堂教学的一个视角。从实际效果和教学投入上说，我们要考虑教学实践的普遍适用性，尽可能选择简单、朴素、贴近学生实际的教学材料。教师设计课堂教学一要在"清晰立序"上动脑筋，不断优化序列组织；二要在"据实选材"上做文章，做到有趣、新颖、实在。

四是重难点问题的把握与解决。解决好教学中的重点、难点是实现教学目的的有效保证。教学的重点通常是指学科或教材某一部分内容中最基本、最重要的知识、技能、方法、过程，教学重点具有相对的稳定性；教学难点是指教师教学实施较为困难、学生较难理解或容易产生错误的那部分学习内容，教学难点具有相对的差异性。评课时，要看教师怎样来解决重点问题的，具体要看运用了什么方式、手段和策略，是启发讲解并用，还是组织引导发现；是演示操作并举，还是交流研讨概括。对于难点内容，教师又是如何突破或解决的，是采用了举例说明，还是选择了假设或分解说明等，不同的方式方法和手段会产生不同的效果，这要视其具体情境与教学效果来衡量和确定。

五是方式方法手段的选择与运用。这是评议课堂教学的一个重要视角。任何方式方法手段的选择与运用都要依据内容特点、实际情境和学生需要，没有哪一种方式方法与手段说它是最好的，只有在具体的情景中才可以识别出它的优势和不足。

如果学生既不动手又不动脑，仅仅是一个旁观者，没有参与到自己实践的教学活动中来，就谈不上学生的思维发展和思想观点的碰撞。假如教师采用"探究式"让学生用备好的材料，去进行操作、猜想、思考、验证及小组讨论，并填写实验报告单等活动，学生的探究发现、合作交流等良好品质就可得以有效培养，这也是教材的编写意图和目标所在。对于一堂课而言，依据内容需要有的不只是运用某一方式方法和手段，需要多方配合，并根据情境进行优化和适时转换，评议时要注意分析比较，正确把握。

（三）要发现优长

课堂的本质是教与学的作用，是师生之间的沟通、交流与对话，每一节课都是授课教师对课程深入研究探索的情况下，发挥主导作用来呈现出的具体的教学表现。在这个教与学交融互动中，评课必须要本着学习和肯定的态度去发现积极因素，在客观的基础上给予激励性的评价。一是要注重发现教学的优长。教之优长主要表现在教师的教学设计与组织实施两个方面，也就是说评议者要善于从教师提供的静态设计与组织的动态过程中去分析教师对教材内容的处理，对教学素材的把握，对课堂序列结构的安排，对习题应用的设计以及在组织"激发、探询、回应与反馈"的教学互动中，所体现的特色和展示的风采，其中的亮点都映射在一个场景、一幅画面、一则板书、一个问题、一个活动等一个个细节之中，需要评课者细心地去发现和感受。无论是公开课还是常态课，不是缺少优长，而是缺乏我们对亮点的发现，评课教师只要用心观察，体悟课堂，理解教学，就能挖掘授课教师的优长所在，这也是实践激励性评课原则的具体体现。二是突出学之优长。课上得好不好，一个最基本的立场就是看看学生学习的表现与效果。课堂上，每一位学生都有其各自的表现，无论是倾听、回答、交流、质疑，还是动手操作、思考判断、问题解决，都有可能向我们展示一幅幅充满个性色彩的生命画卷，关键在于教师更多地去发现、去欣赏。课堂的设计与组织,通过教师精心谋划,学生努力探索,就有可能迸发出智慧的火花,闪烁出令人称道的亮点。作为评课者要善于观察和认识。

(四)要找准问题

评课的诊断原则决定了评课必须要查找出问题,找出问题才能解决问题,这也是评课职能的重点内容。评课的指向重在诊断、分析与探讨。评议中,发现课堂教学中的优点、亮点固然重要,但发现和探讨教学中存在的不足或问题同样重要,这更能增加课堂教学评议的研究价值,从这个基于案例研究的意义上说,评议观摩教学追求的是更好的发展方向,这样优点可以少说,但问题不可避之不议。评课教师在注重教学分析的基础上,更要有敏锐的问题眼光和理智的批判精神,要善于从课堂的整体设计和环节组织上进行认真审视,识别出问题或不足,是教材处理上的问题,还是课堂结构上的问题,是教学目标确定上的问题,还是思想与方法渗透上的问题,是知识讲解上的问题,还是操作方式上的问题,是规律性问题,还是技术性问题,是教学评价问题,还是练习设计问题,是教师基本素养问题,还是学生基础水平问题等。评议者要围绕观摩教学的实际情形进行透彻号脉,确诊"病症"所属,找出"病灶"可能和"病因"所在,由此结合自己的"诊治视野"和"临床经验"开出"处方"。同时,也要换位思考评议,评议者设身处地,将心比心地理解教学、体会对方,把自己对案例的基本认识与操作设想坦诚地说出来,会使参与者获得另一种启迪,也会促进授课教师积极采纳,并在自我反思、自我体验中转化为有效的教育实践。

(五)要平实深入

数学家华罗庚说"深入浅出是功夫"。所谓的功底厚、功力强、功夫深都是久经磨炼而成的。教师评课议课怎样才能深入浅出呢?用曹培英教授的话说就是:"深"不妨理解为未知的、抽象的、理性的,"浅"则可理解为已知的、具体的、感性的。由此，我们可以这样认为，一用理论指导实践地去评议，二用相应的转换方式去评议。用理论指导实践去评议某一个案例，不可能涉及到每一个理论领域，关键是要抓住某一具体理论与某一具体事件的紧密结合，用理论说明案例，用案例诠释理论。说不清打个比方、讲不透举个例子、弄不懂画个图可算是"深入浅出"的策略。即用具体的、可感知的信息（载体）去阐述抽象的、理性的问题。这时课堂就会出现更为生动的画面，师生活动会创造出一个新的平衡。

（六）要讲究策略

有效评课议课必须抱着对所有参与者、对教学研究高度负责的态度，坚持以实话实说为准则，以平等对话为基础，这是基本立场也是基本策略。实话实说就是谈一些客观的现象、质朴的感受和实在的问题。坚持实事求并不是毫无保留，不讲究方法策略，对评课的认识直来直去地表达出来。在讲求客观、符合实际的情况下，也需要科学的、易于被评价对象接受和更能促进其理解认识的表达方式方法。评价对象既有可能是青年教师、也可能是有多年教学实践经验的教师，评课议课应视其年龄特点、知识结构和工作状态做到因人而异。针对老教师所上的公开课，评议时应从参与热情、积极投入、性格特征切入，最大限度地放大课的优点，并以商讨、期盼的口吻对一些明显不足或缺失提出建议，以人文关怀鼓足他们的工作后劲；对一些年轻教师来说，应从坚持评课的基本原则切入，标准严一点，要求高一点，问题谈得深一点，突出理论与实践的对话，以人文精神、专业品质激发他们的专业成长。只有本着客观、公正、实事求是，始终坚持"心理零距离"原则，围绕交流什么和怎样交流敞开心扉，坚持一种非强加的、非独断的、非含糊的启示和指引的正确方向，保持平等而不隐退、对话而不强求、虚心而不盲从，多点关爱、少些生硬，倡导激励、克服压抑，达成共识、实现共进，评课才能实现其根本性意义与价值。

评课议课是一项专业性很强的技术性活动，又是一项讲究人际交往的艺术性工作。由于影响课堂教学成败的因素很多，决定了不同的视角有不同的"成像"，正如"横看成岭侧成峰，远近高低各不同"。必须不断增强自己对评课议课的科学性和全面性认识，这也是评课所要重点把握的问题。

第七节　评课案例实录与评析

案例3-6　《埃菲尔铁塔的沉思》课堂实录

课前准备阶段：由组长告知授课人授课的时间和内容。5月17日，星期四，第一节课，授课内容是《埃菲尔铁塔的沉思》，成员提前阅读思考课文。

课堂实录

师：先来读一遍课文，请三位同学，每人读一部分。（大概4分钟）

读得很不错。但有几个读音要纠正一下。读完这篇文章我们不难看到文章的中心是埃菲尔铁塔，那么，埃菲尔铁塔究竟是怎样的一座建筑呢，它有哪些特点呢？请同学们在文中找出写埃菲尔铁塔特点的句子。（大概1分钟）×××同学。

生：高大。

师：还有什么特点？

生：我觉得埃菲尔铁塔很……我有点一时想不起来合适的词语。（学生们笑）

师：很震撼，是吗？

生：对。

师：好，请坐。读完这篇文章实际上我们感受最深的是对埃菲尔铁塔的进一步了解，那么我们这些了解是通过什么获知的呢？作者的感受，对吧。这也是这篇游记最大的特点。与其他游记不同之处在于，其实作者在这里并没有对埃菲尔铁塔这个客观物象做浓墨重彩的描写，而更多的是通过写作者的感受让读者去感知，把更多的笔墨倾注在对埃菲尔铁塔感受的描写上，这是这篇游记最大的特点，从而展现埃菲尔铁塔的魅力。那么接下来大家再次阅读文本，能不能从中找到作者感受下的埃菲尔铁塔具有什么样的特点。大家在读的时候应该动笔把相关的语句画下来。

（生一起默读文章，大概3分钟）

师：好，找同学来说一下。×××同学。

生：很高，很有气势。

师：从哪看出来高和有气势。告诉大家哪一段。

生：第六段和第二段、第十一段。

师：好，请坐。第六段是很重要的一段，写出了埃菲尔铁塔的伟大、雄奇。第十一段中还提到埃菲尔铁塔的一个特点，是大。怎样来介绍埃菲尔铁塔的高的，说"我有多高，埃菲尔铁塔就有多高"。埃菲尔铁塔有多大？

生（齐答）：巴黎有多大，埃菲尔铁塔就有多大。

师：是的，站在埃菲尔铁塔上，巴黎所有的标志性建筑都尽收眼底。这些都证明埃菲尔铁塔高大。好，还有没有？×××同学。

生：我觉得埃菲尔铁塔是孤独的，第十九段写被人排斥，作者对埃菲尔铁塔有戒心和偏见。

师：第十九段是正面描写埃菲尔铁塔的孤独，第十六段是侧面写，这里涉及到埃菲尔铁塔建造时的背景情况，我们要介绍一下，为什么一百多年前埃菲尔铁塔是个怪物，为什么曾经被保守的巴黎强烈地排斥和憎恶，其中的原因大家肯定不了解。在建埃菲尔铁塔的当年，实际上这件事情是遭到巴黎市民反对的，反对呼声最高的就是囊括巴黎艺术界所有的头面人物，他们联名签写了一封抗议书，在抗议书中他们这样写道"黑铁塔、野蛮、肮脏、魔鬼"，对这座铁塔的反对已经到了极致，更可怕的是三百多个名人在这份抗议书上签字，其中有我们熟知的短篇小说家莫泊桑、大仲马的儿子小仲马，甚至莫泊桑还曾扬言说："如果巴黎建成了埃菲尔铁塔，我将永远地离开这个城市。"那么，从这段小插曲中我们可以想知当年巴黎对这座建筑反对的呼声有多高,那么从这个角度来理解,当年埃菲尔铁塔是怎样的?孤独的,寂寞的,不被世人理解的。但是,现在它已经成为巴黎永远屹立不倒的一座丰碑,已经成为巴黎城市的一个象征,时间可以说明一切,历史也会说明一切。那么在它孤独的背后还有别的特点吗?×××同学。

生:第十七段中有一句话说铁塔是温暖的、仁慈的(钢铁铸成的身躯,却有海一样的胸怀),在第十九段中说它是寂寞的,但在第十五段、十六段也说它并没有因此而拒人于千里之外,反而像一个慈祥的老父,将各种肤色的孩子拥在怀里,从此可见,铁塔也是仁慈的、温暖的。

师:嗯,请坐,很好。他在第十七段找到观点,从第十五十六段找到证据。作者在这里用了比喻的修辞,将铁塔比成老父,不难看出铁塔是仁慈的、温暖的,它将各种肤色、各种头发、世界各地的人全都汇聚在一起,全都能给集中在埃菲尔铁塔上,这表现了埃菲尔铁塔宽厚仁慈。还有没有?×××同学。

生:我觉得它也是傲慢的。

师:为什么这样认为?

生:虽然当时世人那么不喜欢它,对它那么不理解,但是它不在乎。

师:那你有没有想过,它的傲慢来源于什么?

生:因为它高大,它太高了,世人没有能跟他抗衡的。

师:好,这是第一个特点进一步的提升。还有没有?×××同学

生:刚才同学们谈到埃菲尔铁塔的雄奇、高大、仁慈等,我觉得它更像一个伟岸的人,本篇文章写的这个埃菲尔铁塔应该是有一定的象征意义,他想描绘的是一种人,这种人他高大脱俗却又雄奇孤独,但是又不失仁慈与和蔼。

师:分析得很好,但你的回答有点超前了,老师现在请同学们分析埃菲尔铁塔的特点。而你感觉到它更像一个人,是吗?那你想到哪些人呢?

生:杜甫。他在安史之乱时经历了很多痛苦,而最后却流芳百世,还有很多很

多好的作品流传下来，这根埃菲尔铁塔的际遇是一样的。

师：好，请坐。他由塔想到了人，然后是埃菲尔铁塔的特点，谈的比较多，比较深刻。再找其他同学谈谈你的看法。×××同学。

生：第十八段，坚守。

师：你说坚守，我们可以换一个更好的词，坚韧，大家觉得怎么样？它以坚韧的品质来展现自己。大家再找埃菲尔铁塔的特点的时候，好像忽略了中间的部分，"在我一步步走近埃菲尔铁塔，一步步接近它的时候"，在描写塔中上升的过程，也写出了埃菲尔铁塔的高。大家看第六段，作者多次使用这样的词语，用"在下降、落下去"，其他建筑物的沉落，甚至是巴黎城的降落，来反衬出埃菲尔铁塔的什么？

生（齐答）：高大。

师：对，大家忽视了这一点。这用了什么手法啊？反衬的手法。再比如说第八段，直接通过游人的视觉感受写埃菲尔铁塔的高，这里也反复出现一个同义词，上升，自己在上升，不停地上升，痴迷地上升，永远也升不到头了，来衬托埃菲尔铁塔的高大。其实这些段落都是对埃菲尔铁塔高大的侧面描写。大家再翻到第十六段，作者把埃菲尔铁塔比作老父，来表现埃菲尔铁塔的仁慈，那么它的坚韧除了刚才找的那段，第十五段有没有？"我曾以为它会怎样"，但此时它却怎样？

生（齐答）：会呻吟，却纹丝不动。

师：对，不用担心它会倒塌，会破裂。它还雄心勃勃地要与新浪潮做一番较量，这足以表现埃菲尔铁塔身上的坚韧，是吧！大家不要受别人的引领，只是从文章的后面去挖掘，而忽视了前面交代的埃菲尔铁塔最基本的特点——高大。那我们来看，埃菲尔铁塔具备的这三个特点我们是不是可以这样归类了（写板书），高大、有气势，展现的是埃菲尔铁塔什么方面的特点，（学生应和）对，是外形方面的特点。而埃菲尔铁塔的孤独、寂寞与坚韧是它内在的特点，也就是它的内蕴，是它精神方面的特点。实际上从埃菲尔铁塔从外形到内蕴精神特点的交代，作者的感情也在一步步地发生变化。那大家再来看课文，找一找表达作者感情的句子。作者是不是一上来就对埃菲尔铁塔充满了崇敬？是不是一开始就感觉到这个建筑很高大，很伟岸？不是，找到具体的语句。×××同学。

生：刚开始不是很在意。第五段。

师：非常好，作者一开始说它就是一个大铁架，还说它只是个小摆设，从这些措辞可以看出她没见到埃菲尔铁塔时对埃菲尔铁塔很不屑，是忽视的、不在意的。当她来到埃菲尔铁塔前，她也只是从外形上感到埃菲尔铁塔高而已。于是她写下一句"我凝望它"，这个时候作者只是用眼睛去看它，没有用心去接近它。那么接下来呢，作者的感情凝滞于此？非也。×××同学。

生：第十二段，从这些句子我们可以感觉到随着一步步接近它，作者开始慢慢地仰慕它。

师：嗯，非常好，请坐。然后呢，再找其他同学回答一下。×××同学。

生：我觉得在仰慕它之前，作者曾经对埃菲尔铁塔有点恐惧。然后随着一点点地接近埃菲尔铁塔，作者开始认可它、赞美它，认为即使将来成为废铁它也是这个世界上独一无二的。再后来，作者读懂了埃菲尔铁塔的孤独和宽容，好像作者能走进埃菲尔铁塔的内心世界，和它融为一体了。

师：分析得非常好。的确是这样，走近埃菲尔铁塔，理解了埃菲尔铁塔，作者完全被它折服了，为它感到骄傲。最后甚至反省自己，曾经的偏见和戒心是多么的无知。所以，作者从外形写到内蕴，也是作者从不屑到折服的过程。那我们顺着刚才这位同学的回答继续品味埃菲尔铁塔的高大、雄奇、寂寞、孤独、宽容和骄傲，我们有没有一种感觉，这些特点已经超越了塔这个建筑物，而有了人的影子。它曾经那样地被排斥，那样地孤独寂寞，但它却没有倒下，而是在孤独中变得日益坚韧。而当人们认可它时，它又能敞开怀抱，把一切都拥在怀里。所以可以这样理解，这篇文章是以塔写人。那么，你能想到哪些人呢？×××同学。

生：我想到了鲁迅。鲁迅弃医从文，想要用自己的文字治疗国人精神的疾病，但那个时候，国人并不理解，所以鲁迅写下："寄意寒星荃不察，我以我血荐轩辕。"鲁迅那个时候在孤独地呐喊。即使这样，鲁迅依然没有停止文学创作。

师：好，的确是这样，我们学过鲁迅的很多作品，鲁迅当时的那种孤独与他笔下的夏瑜有什么区别呢？但是他没有放弃，坚持写作，用自己的笔战斗，这难道不是他的坚韧和宽厚吗？好，其他同学，还能想到哪些人？×××同学。

生：我想到了孔子。孔子在那个礼崩乐坏的时代，不停地宣扬着自己的学说，他主张复礼，用教化来让世人明白一些道理，让社会和谐。但是很少被人采纳，所以才有了孔子的周游列国，没有国家肯采纳的主张，没有办法，孔子只得到另一个地方去，很可怜。而至于后来人们对他的美誉啊，历代皇帝对他的尊崇啊，他在有生之年都没有感受到。我觉得就像被人们无情排挤的埃菲尔铁塔一样，孔子的人生是孤独又坚韧的。

师：嗯，很好。但我觉得有了你，孔子就不再孤独。好，时间关系我们到此结束，但是这篇文章给我们的启发可能远不只这些。课后大家有什么想法可以写下来，当成作文素材的积累。好，下课。同学们再见。

生：老师再见。

注：本节课属于组内研讨课，主要是全组成员共同探究课程理念及高效课堂的构建，互相学习，互相查漏补缺，取长补短，促进大家钻研业务，提升自己。

课后准备阶段：从班级来到集体备课室，先由授课人说课，介绍本课的设计思路，其他老师准备评课。

组织者：先请授课人谈一下自己的构课。

授课人：对于这节课，我主要想从埃菲尔铁塔的特点和作者的情感两条线索梳理文章，但是我一直不知道应该先谈哪个，怎样把它俩统一在一起，我本来想先从文章结尾谈沉思，然后再谈其他的，但李老师那天说构课要简单，要由浅入深，不能先谈深刻的问题再往回谈。这个建议给了我很大的启示，我就把我第一个方案淘汰了。然后我上课时实际上想先谈作者的感受，再谈埃菲尔铁塔的特点，但是从学生的反应看，学生找表达作者情感的句子找得特别不好，于是我临时做了变动，先谈了埃菲尔铁塔的特点，从这入手。其实本来我没想把埃菲尔铁塔的孤独寂寞当成主要线索，想将它作为最后的升华，就是整个一节课是从埃菲尔铁塔的外在到内质逐步升华的过程，随着特点的升华，作者情感也随之升华，二者是一为二、二为一的关系。其实事先我没有想好一个固定的顺序，是想到哪讲到哪，有些随机，我想最后联系一下相关的人物作为升华，我自己事先还准备了一段话，结果刚才上课没机会说出来。我就是这样构课的。

组织者：好，下面请陈老师谈一下。

陈老师：听完小王的课，我看到了小王的未来也看到了我的未来，感慨万千。我觉得小王的课特别圆熟，游刃有余，驾驭课堂的能力特别强，可以看出素质很高。而且点评没有废话，特别恰当，有的人点评习惯把学生的话重复一遍，这样特别不好，小王的点评不存在这一点，明显比学生高出很多，并且对答题的方法角度进行点评，这个是很重要的。然后是这课的构思很好，例如从认识的角度谈，作者从不理解到理解，这里也涉及到一个写法，可以跟学生说，这是欲扬先抑。还有一点埃菲尔铁塔当初那么多人反对，为什么最后它还是矗立在那里？其实这个涉及到一个文化背景，可以跟学生介绍一下。还有纠正学生读音时把字的几个音都跟学生交代一下，否则学生会误以为这个字就一个音。最后提到寂寞的人可以给学生扩展一下，思想家分两类，一类生活在过去，像老子、庄子，提倡回归；还有一类像鲁迅，他们是走在时代的前面。但无论怎样，他们都是不被当世人了解和理解的。好了，我就说这些，总体上看很好，真的。

主持人：朱老师，点评一下。

朱老师：老师的课堂用语和学生的回答给我印象很深。有个学生在回答问题时很超前，一下子就分析到孤独了，给老师的讲课思路带来了冲击，让老师很难再往下进行，这个时候是对老师的巨大考验。事实证明小王经得住考验，这个地方处理得很好，可以说是处变不惊，这么年轻能老道地处理问题，很难得。学生表现也很好，比如谈孔子、鲁迅，都很贴切，说得很到位，充分显示出学生的文化底蕴还是比较深厚的。

参考文献

1. 陈永明. 现代教师论[M]. 上海：上海教育出版社，1999年.

2. 教育部师范司. 教师专业化的理论与实践[M]. 北京：人民教育出版社，2001年.

3. 叶澜等. 教师角色与教师发展新探[M]. 北京：教育科学出版社，2001年.

4. 刘捷. 专业化：挑战21世纪的教师[M]. 北京：教育科学出版社，2002年.

5. 石中英. 知识转型与教育改革[M]. 北京：教育科学出版社，2001年.

6. 钟启泉. 现代课程论[M]. 上海：上海教育出版社，1989年.

7. 施良方. 课程理论——课程的基础、原理与问题[M]. 北京：教育科学出版社，1996年.

8. [美]小威廉姆E. 多尔著，王红宇译. 后现代课程观[M]. 北京：教育科学出版社，2000年.

9. 朱慕菊. 走进新课程——与课程实施者对话[M]. 北京：北京师范大学出版社，2002年.

10. 钟启泉、崔允漷. 新课程的理念与创新——师范生读本[M]. 北京：高等教育出版社，2003年.

11. 钟启泉等. 基础教育课程改革纲要（试行）解读[M]. 上海：华东师范大学出版社，2001年.

12．张华．课程与教学论[M]．上海：上海教育出版社，2000年．

13．丛立新．课程论问题[M]．北京：教育科学出版社，2000年．

14．王斌华．校本课程论[M]．上海：上海教育出版社，2000年．

15．郭元祥．综合实践活动——设计与实施[M]．北京：首都师范大学出版社，2001年．

16．[美]泰勒著，施良方译．课程与教学的基本原理[M]．北京：人民教育出版社，1994年．

17．陆有铨．骚动的百年——20世纪的教育历程[M]．济南：山东教育出版社，1997年．

18．顾明远、孟繁华．国际教育新理念[M]．郑州：河南出版社，2001年．

19．施良方、崔允漷．教学理论——课堂教学的原理、策略与研究[M]．上海：华东师范大学出版社，1999年．

20．王策三．教学论稿[M]．北京：人民教育出版社，1985年．

21．黄甫全、王本陆．现代教学论学程[M]．北京：教育科学出版社，1998年．

22．田慧生、李如密．教学论[M]．石家庄：河北教育出版社，1996年．

23．李秉德．教学论[M]．北京：人民教育出版社，1991年．

24．盛群力等．现代教学设计应用模式[M]．杭州：浙江教育出版社，2002年．

25．吴立岗．教学的原理、模式和活动[M]．南宁：广西教育出版社，1998年．

26．傅道春．教师技术行为[M]．哈尔滨：黑龙江教育出版社，1994年．

27．熊川武．反思性教学[M]．上海：华东师范大学出版社，1999年．

28．顾志跃．如何评课[M]．上海：华东师范大学出版社，2009年．

29．张文质、陈海滨．今天我们应怎样评课[M]．重庆：西南师范大学出版社，2011年．

30．岳蔚．新课程小学英语评课的理论与实践[M]．宁波：宁波出版社，2005年．

31．李兴良、马爱玲．教学智慧的生成与表达——说课原理与方法[M]．北京：教育科学出版社，2006年．

32．陈瑶．课堂观察指导[M]．北京：教育科学出版社，2006年．

33．林存华．听课的变革[M]．北京：教育科学出版社，2007年．

34．吴亚萍、王芳．备课的革命[M]．北京：教育科学出版社，2007年．

35．肖锋．学会教学——课堂教学技能的理论与实践[M]．杭州：浙江大学出版社，2002年．

36．莱斯利·P·斯特弗，杰里·盖尔主编，高文、徐斌艳、程可拉等译．教育中的建构主义[M]．上海：华东师范大学出版社，2002年．

37．连榕．教师专业发展[M]．北京：高等教育出版社，2007年．

38．[加]马克斯·范梅南著，李树英译．教学机智——教育智慧的意蕴[M]．北京：教育科学出版社，2001年．